**Bibliographic information published by the German National Library:**

The German National Library lists this publication in the National Bibliography; detailed bibliographic data are available on the Internet at http://dnb.dnb.de .

**Imprint:**

Copyright © 2016 GRIN Verlag, Open Publishing GmbH
Print and binding: Books on Demand GmbH, Norderstedt Germany
ISBN: 9783668324763

**This book at GRIN:**

http://www.grin.com/es/e-book/342419/talleres-dirigidos-al-desarrollo-del-trabajo-metodologico-para-la-ensenanza

Urbano Félix Machado Gallardo

# Talleres dirigidos al desarrollo del trabajo metodológico para la enseñanza de la informática

GRIN Publishing

**GRIN - Your knowledge has value**

Since its foundation in 1998, GRIN has specialized in publishing academic texts by students, college teachers and other academics as e-book and printed book. The website www.grin.com is an ideal platform for presenting term papers, final papers, scientific essays, dissertations and specialist books.

**Visit us on the internet:**

http://www.grin.com/

http://www.facebook.com/grincom

http://www.twitter.com/grin_com

# INSTITUTO PEDAGÓGICO LATINOAMERICANO Y CARIBEÑO

## MAESTRÍA EN CIENCIAS DE LA EDUCACIÓN

## MENCIÓN EN EDUCACIÓN PREUNIVERSITARIA

# TALLERES DIRIGIDOS AL DESARROLLO DEL TRABAJO METODOLÓGICO PARA LA ENSEÑANZA DE LA INFORMÁTICA

Tesis en opción al título académico de Máster en Ciencias de la Educación

AUTOR: Urbano Félix Machado Gallardo

Manatí, 2010

**SÍNTESIS**

La investigación parte de la necesidad de resolver las dificultades manifestadas en la superación de los directivos de todas las educaciones en la metodología de la enseñanza de la informática como ente fundamental transformador de la clase de informática en su entorno educativo: la escuela. El diagnóstico realizado permitió determinar las necesidades de superación que se reflejan en la práctica pedagógica, dirigidas fundamentalmente a la clase  en el uso adecuado de los enfoques de la enseñanza de la computación así como la utilización de la computadora como medio de enseñanza y como medio trabajo en el proceso de enseñanza - aprendizaje. Para satisfacer las necesidades diagnosticadas el investigador  tiene como objetivo: elaborar  talleres para el desarrollo del proceso de enseñanza-aprendizaje de la informática  dirigidos a la superación de los directivos de las diferentes educaciones de manera que contribuyan a potenciar el trabajo metodológico de la asignatura de informática, los cuales favorecen su desempeño como principales metodólogos para dirigir con eficiencia el proceso de enseñanza – aprendizaje de la informática. En esta investigación se logra la sistematización teórica de las concepciones actuales de la enseñanza de la informática en el nuevo contexto de la revolución tecnológica y curricular de los últimos años en todos los niveles de educación, utilizando los diferentes métodos del nivel teórico y empírico. Los resultados de la comparación del diagnóstico inicial y final demostraron la aplicabilidad, efectividad y factibilidad de los talleres pedagógicos propuestos.

# Índice

# INTRODUCCIÒN

Las actuales transformaciones educacionales enmarcadas en la tercera etapa de la Revolución Educacional, implican profundos cambios en el orden organizativo, metodológico y curricular comprendido dentro del Sistema de Trabajo del Ministerio de Educación que se sustenta teóricamente en la esencia de la Dirección Científica en la Educación definidas por un colectivo de autores como:

"En la Educación, dirigir científicamente es tomar decisiones acertadas a partir de situaciones concretas y condiciones objetivas que permitan atender al hombre colocándolo como sujeto y objeto del proceso de dirección, atender al desarrollo corriente y perspectivo de la organización que se dirige"[1]

Es por ello que se hace necesaria la capacitación de los directivos en cuanto a los métodos, técnicas y procedimientos que utilizan para organizar, ejecutar, controlar y evaluar el sistema de actividades político-ideológicas, docentes, laborales, deportivas, culturales, recreativas, vocacionales y patrióticas-militares con la finalidad de influir sobre los integrantes del colectivo para garantizar el cumplimiento del fin y objetivos educacionales y para dirigir acertadamente el trabajo metodológico de su escuela.

Las transformaciones planteadas, desde sus inicios, proponían cambios con un carácter general e integrador, lo esencial radicaba en colocar al hombre como objeto real del cambio y a las estructuras de dirección, sus métodos y estilos de trabajo como el medio para lograr tales fines.

Cuba, como parte integrante de este mundo cada vez más globalizado e injusto, no puede sustraerse a este reto y lo ha refrendado en su carta magna, la Constitución de la República de Cuba, año 1996, que en su capítulo 39, Educación y Cultura, se expresa que el estado orienta, fomenta y promueve la educación, la cultura y las ciencias en todas sus manifestaciones.

Además en las Tesis y Resoluciones al Primer Congreso del Partido Comunista de Cuba, año 1975, se planteó la necesidad de superación de los profesionales mediante cursos

---

[1] Colectivo de autores,1997, página 29

sistemáticos de posgraduados, cursillos, o en preparación metodológica, preparación científica metodológica, forma autodidacta, que deben estar estrechamente relacionadas con su actividad laboral y sus perspectivas de desarrollo.

En la resolución adoptada sobre Política Educacional se plantea que, … constituye un objetivo primordial, la más elevada preparación de los cuadros, técnicos medios y superiores y la mayor calificación profesional en correspondencia con la exigencia del nivel de organización y dirección…. El Instituto Central de Ciencias Pedagógicas al respecto plantea: … La concreción de la política educacional en la escuela requiere mover todo el sistema de dirección, elevar la eficiencia en los métodos y estilos de trabajo que emplean las estructuras en su interacción con el personal de los centros, a fin de asegurar las transformaciones...

Teniendo en cuenta lo expresado el director requiere de la actualización y profundización constante de sus conocimientos y habilidades profesionales, para el desempeño de su labor como responsable de la organización, planificación y dirección del trabajo metodológico y científico metodológico, con el objetivo de elevar el nivel de preparación de los maestros.

Aparejado a estos cambios en el mundo de hoy tiene lugar la Revolución Científico-Técnica de la cual forma parte importante la Computación. Las aplicaciones de esta tecnología están presentes ya en todas las esferas de la vida de un país, desde lo económico, militar, industrial, social, hasta lo cultural, casi nada escapa al uso de la computación.

En el país se inició un programa para la introducción de la Computación de forma masiva en los Institutos Superiores Pedagógicos y en todos los centros docentes de la Educación Media; dicho programa contempló, además, el uso de esta técnica de forma experimental en la Educación Primaria en su primera etapa y en los años sucesivos en todas las educaciones, incluyendo la Educación Especial. Proceso que comenzó en nuestra provincia en el año 1986.

El desarrollo de las computadoras, así como de los softwares implementados sobre éstas, ha evolucionado a pasos agigantados, siendo un imperativo su uso como instrumento de trabajo.

No obstante a los ingentes esfuerzos que en este campo ha realizado el país, no se ha llevado a cabo una adecuada preparación a los directivos de los centros educacionales de todas las educaciones para que dirigieran acertadamente el proceso de enseñanza –

aprendizaje de la asignatura de Informática.

En los actuales Seminarios Nacionales para educadores se desarrollan temas relacionados con la dirección del proceso, pero no se ha dedicado ninguno a preparar a los directivos en las formas específicas de la enseñanza de la Informática.

La informática ha invadido todos los campos del saber humano y en particular la educación, hoy se cuenta con una metodología para su enseñanza, en proceso de enriquecimiento por su juventud, lo cual no ocurre con otras ciencias mucho más antiguas como por ejemplo la Matemática, la Física, la Química, etc. A nuestro juicio esto ha estado motivado por lo dinámico y cambiante de esta tecnología.

En el orden organizativo, la estructura municipal en la década de los ochenta contaba con un metodólogo de computación, en los años sucesivos se incorpora otros especialistas para atender la instalación del software educativo. Estos especialistas que por lo general son profesores de informática, atendían en las escuelas, además, el componente metodológico, que constituía un apoyo necesario al metodólogo municipal.

En la actualidad, curso 2009 -2010, en el municipio de Manatí el grupo de Informática está compuesto por un jefe de grupo que era la compañera que atendía el programa audio visual sin conocimientos de la metodología de la asignatura, un jefe de seguridad informática, un instalador, un especialista en redes y comunicaciones para el montaje y mantenimiento de la conectividad de todos los laboratorios del territorio, un responsable del nodo municipal y un responsable de la tecnología encargado de velar por el estado técnico de los equipos.

La estructura municipal actual no tiene ningún especialista, dentro del grupo de informática, que atiende la metodología de la asignatura por lo que las visitas a clases durante este curso por este grupo, fuera de la inspección anual, fueron nulas. La parte metodológica de la asignatura, argumenta la dirección del municipio, corresponde a la escuela, y principalmente a su principal metodólogo: el director.

Desde las vivencias del investigador, la experiencia profesional adquirida como profesor de Informática en todos los niveles de educación y como Coordinador de la Carrera de Informática de la Sede Pedagógica de Manatí, el estudio realizado en los informes de visitas entrenamiento metodológico conjunto, resúmenes de inspecciones y visitas especializadas, visitas de ayuda metodológica realizadas por la Dirección Provincial y Municipal de

Educación, la Universidad de Ciencias Pedagógica y la Sede Pedagógica del territorio a las escuelas del municipio, nos permitió conocer que existen las siguientes **manifestaciones**:

- Insuficiente conocimiento de los directivos de las escuelas de la metodología de la enseñanza de la Informática.
- Insuficiente uso de la computadora como medio de enseñanza en la clase.

En la provincia no existe ningún trabajo que haya abordado este tema aunque si existen muchas investigaciones que tratan sobre la preparación a directivos de diferentes niveles en otros temas del trabajo técnico – metodológico para dirigir científicamente el proceso docente educativo en sus diferentes entornos entre las que revisamos están:

"Acciones para la capacitación de directivos y funcionarios de la estructura municipal de educación en Las Tunas" de María Victoria Mayo Parra, del 2008, "Variante metodológica para perfeccionar la superación de los directivos de preuniversitario en la actividad de dirección", de Josefa Merlo Gallardo, en el año 2008, "Conjunto de acciones para capacitar a los docentes de la escuela provincial de la CTC para el uso de las tecnologías de la informática y las comunicaciones como medios de enseñanza de Alfonso Espinosa Soto, 2009 y de Amada Rojas Leyva del año 2008, "La preparación de los directivos educacionales del municipio las tunas en la gestión de la información".

En consecuencia, las investigaciones dirigidas a la preparación de los directivos en las formas metodológicas específicas para la enseñanza de la Informática tienen gran prioridad y actualidad. Por todo esto podemos afirmar que el tema resulta importante y novedoso y su estudio se convierte en una necesidad para la preparación de los directivos en la didáctica de la Informática.

En la dirección municipal de educación de Manatí existe el plan de preparación de los directivos que desde el sistema de trabajo del Ministerio de Educación, primera semana de cada mes, que contempla temas metodológicos de aspectos que en la práctica social han presentado deficiencias o que por su novedad es necesario impartir con el fin de elevar su competencia profesional. La revisión de este documento de los últimos cinco años nos permitió constatar que no se impartieron temas relacionados con la didáctica de la informática que les permitiera dirigir acertadamente el proceso de enseñanza – aprendizaje de esta asignatura.

A partir de los elementos expuestos, se presenta el siguiente **problema científico**:

¿Cómo contribuir a la preparación de los directivos de todas las educaciones en el trabajo metodológico del proceso de enseñanza-aprendizaje de la informática?

**El objeto de estudio**: el proceso de preparación de los directivos de todas las educaciones desde el trabajo metodológico.

**El campo de acción**: la preparación de los directivos para conducir el proceso de enseñanza – aprendizaje de la informática.

**El objetivo de investigación es**: talleres metodológicos dirigidos a la preparación de los directivos para la conducción del proceso de enseñanza – aprendizaje de la informática.

Después de un análisis del material teórico que avala la presente investigación se infirió la siguiente **idea a defender:**

El desarrollo de talleres metodológicos donde se preparen los directivos en la metodología de la enseñanza de la informática, potencian la eficiencia de la dirección del proceso de enseñanza aprendizaje de la asignatura, siempre que se realicen teniendo en cuenta las particularidades de las educaciones.

Se trazaron las siguientes tareas científicas:

1. Sistematización de los referentes teóricos relacionados con la preparación de los directivos en la metodología de la enseñanza de la informática.

2. Caracterización de la preparación de los directivos para dirigir el proceso de enseñanza – aprendizaje de la informática en el municipio de Manatí.

3. Elaboración de los talleres metodológicos para la preparación de los directivos en la metodología de la enseñanza de la informática.

4. Validación de los talleres metodológicos dirigidos a la preparación de los directivos en la metodología de la enseñanza de la Informática.

Durante el desarrollo del trabajo se utilizó el método dialéctico materialista como método general, con el propósito de resolver desde y para la práctica y con el empleo de la ciencia, los problemas del contexto. Además se utilizan los métodos:

**De nivel teórico:**

- **Histórico y lógico**: permitió revelar el decursar histórico del proceso de introducción de la computación en los diferentes niveles de enseñanza, con una lógica.

- **Análisis y síntesis**: durante el análisis que aportan los fundamentos teóricos de la tesis y la evolución de las concepciones y evolución del proceso de enseñanza-aprendizaje de la informática, en la interpretación de los resultados del diagnóstico inicial y final, en la elaboración y fundamentación de la concepción teórica asumida.

- **Inductivo y deductivo**: permitió llegar a conclusiones precisas en relación al proceso de superación de los directivos en cuanto a concepciones actuales de la metodología de la enseñanza de la informática.

- **Análisis de documentos**: se utilizó en la revisión de los planes y programas de estudio de informática, programa del curso de la Maestría en Ciencias de la Educación referidos a las TIC en el proceso de enseñanza-aprendizaje, informes de inspección, planes de desarrollo individual, informes del Consejo de Dirección y en la estrategia general de la escuela con énfasis en el diseño de superación, para valorar las acciones previstas y los contenidos abordados en respuesta a las necesidades y potencialidades de los directivos.

- **Modelación**: para lograr mayor aproximación a la solución del problema, partiendo de su estudio profundo y contextualizado, la elaboración de los talleres y sus componentes, la elaboración de nuevas ideas y juicios que emanan de la práctica escolar y social, para transformarla y enriquecerla.

**Métodos, técnicas y procedimientos de nivel empírico:**

- **La observación**: se aplicó para observar clases a los maestros en la asignatura de Informática, con el objetivo de comprobar la calidad con que imparten sus clases en cuanto a la utilización correcta de los componentes pedagógicos, a través de una guía de observación que incorpore el uso de los enfoques en la enseñanza de la informática, antes y después de aplicada la propuesta para posteriormente arribar a conclusiones; además la observación al comportamiento y evaluación de los talleres.

- La **entrevista:** para conocer el nivel de preparación que poseen los directivos sobre la metodología de la enseñanza de la informática.

- **Prueba pedagógica:** a los directivos en el diagnóstico inicial y final, con el objetivo de determinar los conocimientos y habilidades que poseen los mismos para diseñar y dirigir el proceso de enseñanza – aprendizaje de la informática

**Procedimiento matemático- estadístico:**

- **Cálculo porcentual:** para determinar el aspecto cuantitativo de la investigación agrupando los datos obtenidos representados en por ciento mediante la aplicación de los instrumentos.

- **Análisis cuantitativo de tablas y gráficos:** para representar los resultados arrojados en el diagnóstico de forma cuantitativa.

- **Triangulación de datos:** para realizar el análisis de dos o más instrumentos.

La presente investigación incluye una población de 25 directivos que trabajan en los diferentes niveles de enseñanza en el Municipio de Manatí y la muestra está compuesta por 12 directivos. La misma fue seleccionada de manera intencional, teniendo en cuenta lo cualitativo y lo cuantitativo para dar respuesta al objetivo planteado del docente investigador.

**Significación práctica:** se ofrecen talleres metodológicos para que los directivos lo contextualicen y lo lleven al proceso de enseñanza – aprendizaje de la informática. Además permite que los profesores de la especialidad adquieran una cultura profesional acorde a los conocimientos de la metodología de la enseñanza de la informática.

La tesis consta de una introducción, 2 capítulos, conclusiones, referencias bibliográficas, bibliografía y anexos.

**Novedad:** está dada por el contenido metodológico de los talleres que capacita a los directivos de todas las enseñanzas en la metodología de la Informática.

En el CAPÍTULO I. Se aborda lo relativo a la superación de los directivos desde el triunfo de la Revolución Cubana hasta la actualidad y en particular la preparación para dirigir el proceso de enseñanza – aprendizaje de la informática desde su introducción en los diferentes subsistemas de educación en Cuba y las estrategias metodológicas de la enseñanza-aprendizaje de la

Informática, los enfoques de la enseñanza de la asignatura y la computadora como medio novedoso de enseñanza.

En el CAPÍTULO II. Se aborda el diagnóstico de los directivos en el conocimiento de la metodología de la enseñanza de la informática, se proponen los talleres metodológicos de preparación de los directivos en la didáctica de la informática y las conclusiones.

# CAPÍTULO I. SISTEMATIZACIÓN DE LOS REFERENTES TEÓRICOS RELACIONADOS CON LA PREPARACIÓN DE LOS DIRECTIVOS PARA CONDUCIR EL PROCESO DE ENSEÑANZA – APRENDIZAJE DE LA INFORMÁTICA

"La educación pues, no es más que esto: la habilitación de los hombres para obtener con desahogo y honradez los medios de vida indispensables en el tiempo que existe, sin rebajar por eso las aspiraciones delicadas, superiores y espirituales de la mejor parte del ser humano."[2]

## 1.1 Evolución histórica del proceso de superación de los directivos educacionales

En Cuba no son abundantes los estudios de carácter histórico relacionados con la evolución histórica de la superación en el proceso de dirección educacional se pudo comprobar en investigaciones hechas al respecto.

Se tienen referencias de la preocupación por la superación y ejemplaridad de los directivos en el pensamiento de algunos de nuestros pedagogos, José de la Luz y Caballero se pronunció porque la  dirección de la  escuela fuera desempeñada por uno de los profesores. Esta selección como es lógico, debe recaer en los profesores más preparados, por otra parte en 1875 José Martí al referirse a la labor de los directores de escuela, por la importancia social de esta actividad  publicó:

"...como jefe de su hogar, los directores de colegio tienen el derecho de administrar libremente y reglamentar conforme a su opinión, cuando esta opinión no corrompe las fuerzas naturales, no violenta la dignidad de sus administrados, no tiende a afligir con esclavitudes y opresiones autoritarias – voluntades nacidas para el cultivo de la libertad."[3]

Estos intelectuales al precisar las cualidades básicas de un director de escuela, ofrecen tanta importancia a la reputación científica como a la ejemplaridad moral, sentando las bases a los requerimientos que deben cumplir los directivos educacionales, en la búsqueda del modelo de la profesionalidad.

---

[2] José Martí, 1875, página 78

[3] José Martí, 1875,  página 79

El autor de esta investigación asume la periodización de Pedro Valiente en su tesis de doctorado del 2001.El mismo realizó un análisis relacionado con el proceso de dirección y superación de los directivos para lo que utilizó como fuente de información documentos normativos del Estado y el Ministerio de Educación, informes valorativos sobre la actividad laboral de estos niveles y trabajos investigativos dirigidos a estos fines.

Valiente determina cuatro períodos enmarcados temporalmente de la siguiente forma: (1959-1973; 1973-1983; 1983-1991; 1991 hasta nuestros días).

En esta investigación se considera el período prerrevolucionario y se enriquece con nuevos elementos cada uno de los períodos propuestos, estos se desglosan a partir de los objetivos y tareas de la política educacional y niveles de desarrollo alcanzados en el país en el perfeccionamiento de la política de cuadros.

Período prerrevolucionario:

En la etapa prerrevolucionaria el país estaba sometido de forma económica y política a las demandas del imperialismo, predominaba una imperfección en el campo de la educación por la existencia de escuelas públicas y escuelas privadas, lo que impedía la generación de un alto nivel científico-técnico y de profesionales de la dirección.

Primer Período: 1959-1973.

Se produce en correspondencia con el inicio de la Primera Revolución Educacional que tenía como principales objetivos solucionar los grandes problemas heredados del pasado neocolonial, la reorganización y tecnificación del Ministerio de Educación, la adopción de medidas inmediatas para erradicar el analfabetismo y garantizar la extensión de los servicios educacionales.

Al hacerse patente el surgimiento de una nueva clase social que toma el mando definitivamente, se ponen de manifiesto las limitaciones que tendría el ejercicio de la dirección por la falta de cuadros.

El acelerado proceso ocurrido por la nacionalización de las escuelas y el éxodo de algunos maestros y profesores, pone en mano de un grupo de revolucionarios sin experiencia la responsabilidad de la dirección de las escuelas. Este período tuvo como rasgo esencial la emergencia y predominio de formas de cursillos y seminarios, los objetivos estuvieron concentrados fundamentalmente en lograr una formación pedagógica elemental y el dominio de los contenidos de las disciplinas que se impartían en los centros docentes.

Se crea la primera brigada de maestros Frank País en el año 1960 que se encarga de dirigir, coordinar y ejecutar los planes de desarrollo de la educación en las zonas montañosas del país, estas brigadas fueron una fuente importante de directivos educacionales.

La preparación integral de los profesionales de la Educación resultó una necesidad impostergable, por lo que el 20 de abril de 1960 se funda el Instituto Superior de Educación (ISE), con la misión de realizar cursos, cursillos, seminarios destinados a la superación y perfeccionamiento del personal docente, técnico y administrativo en ejercicio.

En esta etapa el Ministerio de Educación instaura un sistema de planificación y control del trabajo, se celebra el congreso de Educación y Cultura en 1972, en el marco de este evento se reclama la necesidad de crear los consejos de dirección en las escuelas primarias y el desarrollo de seminarios sistemáticos de ayuda a estos consejos de dirección, se destaca además la necesidad de preparar y superar a los directores, inspectores y responsables de cátedras.

Se crean tres Institutos Pedagógicos, en la Universidad de Oriente, Las Villas y la Habana, estos institutos tenían dentro de sus funciones el encargo de la preparación de los cuadros de dirección de las instituciones docentes del nivel medio.

En la inauguración del curso escolar 1973-1974, el comandante en jefe plantea entre las principales tareas del Ministerio de Educación, "la realización de cursos de superación de cuadros de los niveles medio y superior".

En conclusión, este período se caracteriza por la emergencia de forma acelerada para resolver los problemas que heredó el sistema revolucionario del pasado neocolonial.

Se mantiene una estructura de dirección caduca y los antiguos programas de estudio. No existe un sistema de superación dirigido específicamente a directivos de los centros educacionales ni cursos de postgrado en lo relacionado con el proceso de dirección educacional.

Segundo Período: 1973 – 1983

En este período se dispone el establecimiento de nuevas estructuras de dirección para el sector en las provincias y los municipios en correspondencia con el Sistema Nacional de Educación.

Se produce el primer plan de Perfeccionamiento del Sistema Nacional de Educación a partir de 1975, se origina un crecimiento desmedido de la matrícula en la Educación Media, surgen las escuelas en el campo y el Destacamento Pedagógico "Manuel Ascunce Domenech" que constituyó un modelo novedoso para darle solución a las necesidades surgidas en este período.

A partir del curso escolar 1977 y hasta 1987 en la educación se produce un salto cualitativo y cuantitativo por la vía de los Seminarios Nacionales a Dirigentes, Metodólogos e Inspectores de las Direcciones Provinciales y Municipales, con el fin de introducir los cambios proyectados en los planes y programas de estudio, capacitar a los cuadros para dirigir las transformaciones y elevar el dominio general sobre la didáctica, la pedagogía y la psicología.

Esta etapa se caracterizó por la constante búsqueda y aplicación experimental de distintas concepciones, entre ellas, la de teoría de dirección educacional. Otro aspecto de trascendencia en este período es la creación del Ministerio de Educación Superior, el sistema de educación de postgrado y el Instituto Superior Pedagógico en el año 1976.

En este período, aún no existe un sistema de superación dirigido a preparar a los directivos de los diferentes centros educacionales en el desempeño de sus funciones, se desarrolla un sistema de capacitación que les permita dirigir las transformaciones que se estaban produciendo en ese momento.

La bibliografía editada en esta etapa y dirigida a los directivos estaba enfocada hacia la dirección del proceso. En ella solo se trataban algunos temas de planificación y organización escolar.

Tercer Período: 1983 – 1991.

Este período coincide con el establecimiento jurídico del Sistema de Trabajo con los Cuadros del Estado, refrendado en el Decreto Ley No 82 del 13 de septiembre de 1984 y la concepción de la preparación y superación de los cuadros como uno de sus subsistemas.

Tuvo como contexto el planteamiento de la voluntad política y el inicio de las acciones para el logro de la calidad del sistema educativo con las consecuencias que ello implica en la preparación y superación de los dirigentes educacionales, el proceso de formación y superación tuvo como características principales en el segundo y tercer períodos, las siguientes:

- La centralización en el desarrollo de las acciones de superación de los directivos educacionales y los directores de centros docentes en particular, aunque tendía a favorecer la unidad de sus objetivos y contenido, lo que era una necesidad del momento histórico del desarrollo educacional, no tuvo una conjugación efectiva, con acciones concebidas y ejecutadas a partir de la problemática territorial y las necesidades diferenciadas de superación de los directores.

- El contenido de la superación de los dirigentes se encaminó hacia cuatro direcciones fundamentales: político-ideológico, científico-teórico, cultural general y pedagógico-metodológico.

A partir del tercer período comienza a incorporarse al diseño de las actividades la preparación en dirección científica.

Los esfuerzos realizados en la superación de los directivos durante estos años, dejó una huella en su formación. Los resultados de las acciones desarrolladas, al no tener un carácter sistemático y no estar diseñados en correspondencia con las necesidades específicas del territorio, resultó insuficiente en su labor como dirigentes.

Independientemente de los avances que se producen en este período en relación con la superación de los directivos de los centros educacionales de las diferentes enseñanzas, el contenido de la superación carece de componentes esenciales como son: la preparación técnico – profesional, en dirección, económica y para la defensa. No se atiende de forma diferenciada las necesidades educativas de los directivos.

En este período se producen importantes cambios curriculares en todas las enseñanzas, entre ellas la incorporación al plan de estudio del preuniversitario primero y en años posteriores a todas las demás, de la asignatura Computación, lo que trajo consigo nuevas necesidades en el plano cognitivo y técnico – metodológico en la superación de los directivos de los diferentes niveles de dirección que dado el cúmulo y la magnitud de las transformaciones que estaban ocurriendo, estas necesidades no fueron atendidas ni en lo referente a los contenidos de la asignatura como en lo metodológico.

Cuarto Período: a partir de 1991 hasta nuestros días.

Esta etapa coincide en el tiempo con el período especial (inicio y desarrollo). El Ministerio de Educación en este período planteó como política central y máxima responsabilidad de todos los cuadros y funcionarios, continuar las actividades educacionales bajo cualquier situación, lo cual significaba que no se podían cerrar las escuelas, ni detener el proceso docente-educativo por ninguna razón.

Se enmarca en el perfeccionamiento de la política y el trabajo de cuadros, en la que se registra la aprobación del Decreto Ley No 196 de 1999, las transformaciones que se desarrollan en la educación cubana desde esta fecha tienen su fundamento en la optimización del proceso educativo.

En este período las características esenciales del proceso de formación y superación de los directivos educacionales son:

• La descentralización de las responsabilidades, de su dirección y desarrollo, (planificación, organización, ejecución, control y evaluación) en las estructuras municipales y provinciales.

• Se concede mayor prioridad al desarrollo de las acciones de formación y superación de los dirigentes en el puesto de trabajo.

• Se concede un mayor protagonismo de los Institutos Superiores Pedagógicos en el proceso de formación y superación de los dirigentes.

• Se sigue concediendo gran importancia al desarrollo de acciones colectivas de superación al utilizar para ello la forma de la superación de postgrado en sus dos vertientes: la superación profesional y formación académica de postgrado.

• Se comienza a aplicar la experiencia de la preparación para el ejercicio de funciones directivas a estudiantes y recién egresados en los Institutos Superiores Pedagógicos con perspectivas, a través del movimiento de Reserva Especial Pedagógica.

Es importante agregar a esta etapa el establecimiento del E.M.C como una concepción teórico-práctica de la superación y preparación de estructuras completas de dirección, así como un método de dirección de carácter general y en esencia como un método de dirección

14

científica educacional. Concluye Valiente.

Las transformaciones en la Educación en todas las enseñanzas constituye el punto de partida para revolucionar la superación de sus directivos en la búsqueda de métodos de dirección que los ponga a tono con los nuevos cambios, estas son:

- La aparición de una novedosa organización escolar.

- Reducción del número de alumnos por grupos.

- Ubicación de un "Profesor General Integral" al frente de cada grupo en la educación media y media superior.

- La utilización de las nuevas tecnologías de la informática y las comunicaciones.

- La universalización de la universidad, entre otras.

La preparación y superación de los cuadros debe concebirse a partir del concepto de integralidad de estos y organizarse como un sistema, contemplando todos los componentes y combinando las formas, los contenidos, los plazos de tiempo, los recursos necesarios para que esta sea continua, eficiente y específica, dirigidas a las necesidades de cada cuadro y de los planes de desarrollo de cada organismo, territorio o entidad.

Al sistematizar la teoría científica sobre el sistema de superación y la superación de los directivos, se impone precisar estos conceptos

El concepto de superación es reconocido generalmente con los de capacitación, formación y desarrollo. En el Decreto Ley 125 del Consejo de Ministros de la República de Cuba se define como superación:

"Proceso de actualizar, complementar y ampliar los conocimientos y desarrollar capacidades y hábitos de dirección en los cuadros que están desempeñando funciones como tales y tienen posibilidades de perfeccionar sus condiciones a los efectos de mejorar el desempeño de sus cargos o asumir mayores responsabilidades".[4]

En el glosario de términos de Educación Avanzada la Dra. Julia Añorga define como superación:

_____

[4] Decreto Ley 125 del Consejo de Ministros, página 3

"Figura dirigida a diversos procesos de los recursos laborales con el propósito de actualizar y perfeccionar el desempeño profesional actual y/o perspectivo, atender insuficiencias en la formación o completar conocimientos y habilidades no adquiridas anteriormente y necesarias para el desempeño".[5]

De estas definiciones de superación se asume la de Julia Añorga. En la definición que aparece en el Decreto Ley 125 del Consejo de Ministros de la República de Cuba, se hace referencia a la actualización, al instante, en el presente, con profundidad, para perfeccionar el conocimiento y el desarrollo de capacidades y hábitos de dirección con el fin de perfeccionar las condiciones para un mejor desempeño.

Sin embargo, en la definición dada por Julia Añorga, se aprecia una ampliación de esta definición, en tanto que se hace referencia a la necesidad de perfeccionar el desempeño profesional actual de los directivos, completando los conocimientos y las habilidades que no han sido adquiridas, que son vitales para el desempeño del cargo.

A todo esto se une un elemento importante y es que, se hace referencia a la necesidad de atender las insuficiencias, esto da la medida de que la superación no solo está encaminada a la atención de forma general sino que da la posibilidad de tender las necesidades educativas, de forma diferenciada, en función de la diversidad de los directivos.

Del análisis de estos conceptos se pueden determinar los rasgos esenciales del concepto superación que lo diferencian del concepto capacitación, formación y desarrollo, estos son:

1. La superación es un proceso.

2. Tiene un carácter continuo, prolongado, permanente y transcurre durante el desempeño de las funciones directivas, diferenciándose de la formación que constituye una etapa inicial de preparación en el desarrollo de los directivos que generalmente antecede al momento de asumir el cargo.

3. El propósito es el desarrollo de los directivos para su mejoramiento profesional y humano.

4. Tiene objetivos de carácter general: ampliar, perfeccionar, actualizar, complementar conocimientos, habilidades y capacidades y promover el desarrollo y consolidación de valores a diferencia de la capacitación, que en esencia tiene un carácter técnico o práctico.

---

[5] Dra. Julia Añorga, 2002, página 22

En la Estrategia Nacional de Preparación y Superación de los Cuadros del Estado y el Gobierno y sus Reservas, se indica que la preparación es un proceso, sistemático y continuo de formación y desarrollo de los cuadros y sus reservas que debe corresponderse con los objetivos estratégicos y los proyectos futuros, forma parte integral de los recursos humanos.

Hacia esa preparación y superación se dirigen cuatro componentes fundamentales y por su importancia nos referimos a uno de ellos:

**Preparación técnico-profesional:** es un proceso sistemático y continuo de formación y desarrollo de los directivos en técnicas y requerimientos concretos de su profesionalidad, la preparación está dirigida a los siguientes aspectos:

Preparación en los principios, las técnicas y requerimientos concretos de su profesión, dominio en la rama en que se desenvuelven, actualización de sus conocimientos, habilidades que tengan para innovar y crear, influir en la preparación técnica y profesional de su colectivo, **el mejor desempeño en el dominio y habilidades en las nuevas tecnologías de la información y la computación** así como en el idioma inglés.

Esta preparación comenzó con la impartición en los centros educacionales en 1999 de un curso con 32 horas, por parte de los profesores de Computación, para la capacitación en el uso de la computadora como herramienta de trabajo y medio de enseñanza a todo el personal docente incluidos los directivos.

Entre las Precisiones de Informática Educativa para el curso 2003-2004 se establecen como prioridades: la superación del personal docente, en un curso de 40 horas en el propio año 2004, elaboración de softwares educativos por encargos a los ISP, uso intensivo de la computadora y los softwares como medios de enseñaza, entre otras.

En el Sexto Seminario Nacional para Educadores (2005) se plantea: "En Cuba, el uso de las tecnologías de la información y las comunicaciones y en especial la televisión, el video y la computación como apoyo a la educación, son una palpable realidad. Repensar su producción y utilidad pedagógica, replantearse los valores de educadores y estudiantes, las relaciones pedagógicas en el proceso de enseñanza-aprendizaje y en el de producción de estos medios, es cada vez más recurrente y necesario." [6]

---

[6] Sexto Seminario Nacional para Educadores ,2005

En su tesis acciones para favorecer la preparación de los asesores de informática en el uso del software educativo La naturaleza y el hombre" de la Máster Marisela Vega Piñón plantea que: ¨ En los análisis realizados a través del estudio y profundización de la bibliografía especializada, se pudo constatar que de manera general se confrontaron algunas deficiencias en el desarrollo de los cursos de superación instrumentados en las instituciones responsabilizadas, entre ellas resultan evidentes:

- No se estableció una estrategia de superación sistematizada en Informática.
- No se trabajó en función de la adquisición de una cultura informática general.
- No se enfocó la adquisición de conocimientos informáticos básicos, sobre la base de invariantes, de forma que los egresados pudieran adaptarse a cambios que se fueran generando producto del avance tecnológico.

**La Informática Educativa en Cuba. Algunos fundamentos**

En Educación se hacen los primeros ensayos, curso 1973-1774, en la entonces ESBEC "Ernesto Guevara" con la enseñanza de lenguajes de programación.

Los análisis de los resultados demostraron que era factible la introducción de los estudios de computación en el nivel medio y en el curso 1974-1975 se instaló en la entonces Escuela Vocacional "V. I. Lenin" (Hoy IPVCE "V. I. Lenin") la primera mini computadora CID-201B orientada a la enseñanza. En 1976 se crea la comisión de Computación del MINED que luego pasa a ser Subcomisión de Computación de la Comisión Nacional Permanente para la Revisión de Planes, Programas y Libros del ICCP con el objetivo de realizar estudios, análisis y proponer vías para el desarrollo de la introducción de la Computación en el sistema educacional.

En el curso 1984-1985 se instala un modesto laboratorio de micros escolares en cada Instituto Superior Pedagógico, el Instituto de Perfeccionamiento Educacional (IPE) y en el departamento de Computación del MINED con vistas a la realización de actividades de enseñanza del lenguaje BASIC en esos centros y la preparación y superación del personal docente.

Todo lo relacionado anteriormente es muestra de los intentos que de manera aislada fue haciendo el estado cubano para introducir la Computación en el país; pero teniendo en cuenta la importancia de esta tecnología en sí y su papel transformador y desarrollador de otras ciencias se hace evidente la necesidad de masificar su introducción y uso. Muestra de ello es que en el programa presentado durante el III Congreso del    PCC celebrado en la Habana en diciembre de 1985 se plantea:

Durante el quinquenio 1986-1990 se introducirá el estudio de la Computación, así como el empleo de ésta como medio de enseñanza en la educación superior, en los preuniversitarios, en la educación técnica y profesional, centros pedagógicos y en menor grado en las escuelas secundarias básicas.

Es así como, dando cumplimiento a lo anterior a partir del curso escolar 1986-1987 se inició en nuestro país el desarrollo de un programa sobre la introducción masiva de la Computación en los Institutos Superiores Pedagógicos, y todos los centros de la educación media básica y superior, que incluye, además una experiencia en 157 escuelas primarias del país.

Tal introducción se hizo escalonadamente, transitando desde 12mo  hasta 10mo grado; primero en una escuela  seleccionada por  área hasta abarcar todas las escuelas del país.

Más adelante en el discurso pronunciado el 5 de abril de 1987, Fidel diría:

Creo que el Socialismo  va a ser muy difícil de construir plenamente sin la Computación, porque la necesita todavía más que la sociedad capitalista, y la sociedad capitalista no podría vivir sin la Computación.....Hablamos de eso porque tenemos que apoderarnos de esas técnicas, como de la Electrónica, la Biotecnología, la Automatización y otras técnicas avanzadas.

Como hicimos referencia en la Introducción, el programa inicial de estudios  se basaba esencialmente en la enseñanza de la programación en el lenguaje MSX BASIC. A partir de este curso escolar 1998/1999 contamos con un nuevo programa para los preuniversitarios de la provincia de La Habana, que incluye fundamentalmente el estudio de los Sistemas de Aplicación.

Es evidente que el esfuerzo realizado por la dirección del país en el campo de la Educación, especialmente en la introducción de la Informática ha arrojado saldos positivos, aún cuando no se han cumplido todas las expectativas.  En este contexto, hemos ido arribando a etapas superiores como lo exige el vertiginoso desarrollo de esta tecnología. En nuestros días es común que entre los jóvenes se hable de las nuevas tecnologías de la Informática y las Comunicaciones, llegando a comprender en líneas generales el funcionamiento de la popular Internet.

Con la introducción de la asignatura Informática a todos los niveles de enseñanza se comienza a investigar sobre las formas específicas de enseñanza de la misma. En el año 1997 se publica por el MINED el libro con el título Metodología de la enseñanza de la Informática de un colectivo de autores.

En Cuba, hay varios trabajos realizados acerca del proceso de enseñanza - aprendizaje de la asignatura, resultados de tesis de maestrías y doctorado, entre los que se encuentran los siguientes temas:

- Una estructuración metodológica para el proceso de enseñanza - aprendizaje de los sistemas de gestión de bases de datos en el nivel preuniversitario en cuba" de        . Juana María Borrego Lobo.

- Alternativa para el desarrollo de la cultura informática en la enseñanza primaria" de *Elsa del Carmen Gutiérrez Báez, año 1999*

- La enseñanza-aprendizaje de los Procesadores de Textos en el Preuniversitario (una alternativa metodológica sobre la base del Sistema Integrado Works) ¨ de Manuel Machado Méndez, año  2000.

- Algunos elementos de metodología de la enseñanza de la informática de Carlos Expósito Ricardo, año 2001.

- Acciones para favorecer la preparación de los asesores de informática en el uso del software educativo La naturaleza y el hombre" de Marisela Vega Piñón, 2008

Sobre los enfoques metodológicos del proceso de enseñanza - aprendizaje de la Informática, en el libro Algunos elementos de Metodología de la Enseñanza de la Informática se plantea que "... son procedimientos didácticos que pueden ser aplicados, tanto, para la orientación pedagógica de todo un curso, como para la enseñanza de un contenido específico en una clase o parte de ella." [7]

---

[7] Carlos Expósito, 1996

El autor asume la definición de enfoque que se encuentra en el libro de Metodología de la Investigación Educacional (primera parte) donde se plantea que "Un enfoque es la orientación metodológica de la Investigación, constituye la estrategia general en el proceso de abordar y plantear el problema de estudio." [8] porque en el proceso de enseñanza – aprendizaje de la informática entendemos al enfoque como una estrategia en el proceso de abordar y plantear los conocimientos informáticos: conceptos, procedimientos y algoritmos.

En la enseñanza-aprendizaje de la Informática en Cuba, ha predominado lo relativo a la programación, prevaleciendo en ésta, el enfoque problémico.

Con la puesta en práctica de un nuevo programa en los preuniversitarios de todo el país, que incluye los Sistemas de Aplicación, es conveniente profundizar en qué otros enfoques didácticos se pueden considerar y cómo caracterizarlos. Carlos Expósito Ricardo, resume los más representativos de la forma siguiente:

Enfoque del manual o instruccionista.

Fue el enfoque predominante en los inicios de la enseñanza de la programación y se caracteriza por una enseñanza haciendo énfasis en los elementos del recurso informático y no en su aplicación. Debe su nombre a la falta de textos adecuados a las necesidades escolares en los inicios de la enseñanza de la Computación. Los profesores tenían que acudir a los manuales técnicos.

El autor asume lo planteado por Juana María Borrego Lobo "que dentro de los limitados aspectos positivos de este enfoque, puede citarse el hecho de que enfatiza el contenido de la ciencia que se estudia, en este caso la Informática. En el momento histórico que surge, con las limitaciones de bibliografía, contribuyó en alguna medida al logro de las metas propuestas. Las limitaciones de su aplicación radican esencialmente en que al no centrar la resolución de problemas, dificulta en el estudiante la creación de motivaciones efectivas"[9]

En este caso se puede proceder según las orientaciones dadas a continuación:

1.- Se estudia el elemento (comando, instrucción), destacando:

---

[8] Pérez Rodríguez:1996, página 69

[9] Juana María Borrego Lobo, 2004, página 18

- Para qué se usa.

- Su estructura (elementos sintácticos)

- Palabra clave y significado en la lengua materna.

- Parámetros (Implícitos y explícitos)

- Cómo se va a formalizar según el nivel del alumno.

2.- Se escriben ejemplos de su uso.

Enfoque algorítmico

Es un enfoque predominante en los cursos que tienen como objetivo central "enseñar a programar", se caracteriza por una enseñanza que hace el ,énfasis principal en el desarrollo de métodos para elaborar algoritmos, es decir, en procedimientos algorítmicos y heurísticos para resolver problemas por medios informáticos. Los contenidos referidos a lenguajes o software para usos específicos pasan a ocupar un segundo plano.

Debe su nombre al énfasis que hace en el trabajo con algoritmos.

Es un enfoque adecuado para enseñar a programar, en particular con alumnos principiantes.

Se puede proceder según las orientaciones dadas a continuación:

1.- Se parte de un problema.

2.- Se busca la solución buscando los elementos informáticos.

Aplicando recursos heurísticos (reglas, estrategias, principios, etc.)

Aplicando recursos algorítmicos (procedimientos básicos ya    conocidos).

3.- Se modela la solución de una descripción algorítmica.

Enfoque Problémico

Es un enfoque didáctico general que tiene como objetivo central la resolución de problemas, se caracteriza por una enseñanza que hace el ,énfasis principal en la creación de situaciones problémicas, es decir, mediante problemas crear la necesidad del nuevo conocimiento informático objeto de estudio.

Debe su nombre al método general de la enseñanza problémica, aunque aquí no se trata de una aplicación estricta de dicho método.

Es un enfoque que combinado adecuadamente con otros enfoques propicia una enseñanza desarrolladora.

Se puede aplicar según las orientaciones dadas a continuación:

1.- Se parte de un problema como medio para crear una situación problémica, es decir, se logra una motivación efectiva para la búsqueda del nuevo conocimiento.

2.- Se obtiene el nuevo conocimiento informático (conceptos y/o procedimientos), según la vía lógica elegida.

3.- Se realizan acciones de fijación inmediata, teniendo en cuenta las características esenciales del concepto o acciones esenciales del procedimiento.

4.- Se aplica el nuevo conocimiento o parte del mismo en la solución de la problemática utilizada como punto de partida para la motivación.

Enfoque del modelo

Es un enfoque didáctico que tiene como objetivo central la simulación de fenómenos o procedimientos como un medio para inferir los elementos esenciales del nuevo conocimiento informático objeto de estudio, se caracteriza por el uso de un programa o software que realiza dicha simulación.

El modelo, como recurso didáctico, debe estar elaborado de forma tal que muestre o se pueda inferir con claridad los elementos esenciales del objeto modelado.

Es un enfoque muy utilizado en la enseñanza de software, o parte de él, hace la función del modelo.

Es un enfoque que utilizado  convenientemente contribuye a una racionalización de la actividad o clase.

Se puede proceder según las orientaciones dadas a continuación:

1.- Se simula el fenómeno o proceso haciendo uso del medio.

2.- Se infieren los elementos esenciales del nuevo conocimiento informático objeto de estudio.

3.- Se formaliza el concepto y/o procedimiento.

Enfoque del proyecto.

Es un enfoque didáctico general que tiene como objetivo central motivar la enseñanza de los contenidos informáticos contemplados en un curso a través del planteamiento de un proyecto a realizar en el curso. Se caracteriza por la subdivisión del proyecto en problemas parciales, necesarios y que motiven a la vez, la enseñanza del nuevo conocimiento.

Debe su nombre a la tarea o problema general a resolver en el curso.

Es un enfoque que se está aplicando actualmente en varios países como el enfoque predominante de la enseñanza de la Informática.

Facilita su aplicación combinándolo con otros enfoques.

Crea altos niveles de motivación vocacional en el alumnado, ya que lo ubica en actividades productivas o de servicios.

Se puede proceder según las orientaciones dadas a continuación:

1.- Se parte de un proyecto a realizar en el curso, que se va ejecutando en la medida que se asimilan los conocimientos informáticos necesarios. Cada fase del proyecto debe motivar la obtención del nuevo conocimiento.

2.- Se obtiene el nuevo conocimiento informático (conceptos y/o procedimientos), según la vía lógica elegida.

3.- Se realizan acciones de fijación inmediata, teniendo en cuenta las características esenciales del concepto o pasos esenciales del procedimiento.

4.- Se aplica el nuevo conocimiento o parte del mismo en la solución de la fase correspondiente del proyecto.

Enfoque del problema base.

Es un enfoque didáctico general que tiene como objetivo central motivar la enseñanza de los contenidos informáticos contemplados en un curso a través de diferentes modificaciones que progresivamente se van formulando al planteamiento inicial de un problema. Se caracteriza porque se procede de forma inversa al enfoque del proyecto. Cada modificación formulada convenientemente al problema inicial, (base) es un recurso para motivar la necesidad del nuevo conocimiento.

Debe su nombre a la tarea inicial, de poca complejidad, y que facilita su transformación o modificación progresiva en la medida que el curso avanza.

Es un enfoque que se ha aplicado con regularidad en la asignatura Computación en el preuniversitario en Cuba.

Facilita su aplicación con otros enfoques.

Facilita la asimilación de lo nuevo ya que se parte siempre de lo conocido.

Se puede proceder según las orientaciones dadas a continuación:

1.- Se parte de un problema elemental, generalmente desde la fase inicial del curso, que se va transformando, cada vez, en niveles de exigencias superiores en la medida que se dominan los conocimientos informáticos previos y necesarios.

2.- Se obtiene el nuevo conocimiento informático (conceptos y/o procedimientos), según la vía lógica elegida.

3.- Se realizan acciones del curso, que se va transformando, cada vez, en niveles de exigencia de fijación inmediata, teniendo en cuenta las características esenciales del concepto o pasos esenciales del procedimiento.

4.- Se aplica el nuevo conocimiento o parte del mismo en la solución de la modificación correspondiente al problema base.

A nuestro juicio, ninguno de estos enfoques, por sí solos, debe ser el que se aplique, en términos absolutos en la enseñanza de la Computación. La preparación alcanzada por cada profesor, en el orden didáctico, le guiará en la decisión de cuál será el conveniente o necesario a aplicar en cada momento o etapa del curso.

El autor de esta tesis considera que un enfoque muy conveniente a utilizar en la enseñanza del procesador de texto es el enfoque del Problema Base, en el cual, cada nuevo elemento del conocimiento se sustenta sobre la base de conocimientos adquiridos ya por los estudiantes. Esto permite que la atención del estudiante se centre en lo nuevo que debe aprender. Por otra parte, esta forma de proceder, se acerca más a la realidad, donde el usuario debe realizar modificaciones a un documento ya elaborado.

Combinado con este enfoque, debe estar el enfoque problémico.

Es bueno aclarar que algunos de estos enfoques fueron concebidos para la enseñanza de la programación, no obstante en este trabajo se propone extrapolar los mismos a los Sistemas de Aplicación y que cada docente con la experiencia acumulada lo pueda interpretar y desarrollar.

Es conveniente, además, trabajar no sólo con un problema base sino utilizar unos para las conferencias y otros (3 ó 4) para las clases de ejercitación.

**1.2. Las situaciones típicas en la enseñanza de la informática**

La enseñanza de la Informática en los diferentes niveles donde ésta se desarrolla ha estado avalada por un profundo estudio de las regularidades que en las clases se ponen de manifiesto.

En la Tesis de Maestría de Enrique Gener Navarro (1998) se plantean como situaciones típicas de la enseñanza de la programación las siguientes:

- Formación de conceptos.

- Elaboración de algoritmos.

- Resolución de problemas.

Una pregunta obligada es si serán estas mismas las situaciones típicas las que ocurren en los Sistemas de Aplicación.

En la mencionada tesis, se considera que las Situaciones Típicas que ocurren en los Sistemas de Aplicación son:

- Formación de conceptos.

- Elaboración de procedimientos básicos.

- Resolución de problemas.

- Navegación por el sistema.

Por el propósito fundamental al que están destinados los sistemas de aplicación, podemos establecer la siguiente clasificación:

- Sistemas para el procesamiento de textos.
- Sistemas Tabuladores Electrónicos.
- Sistemas Manejadores de Bases de Datos.
- Sistemas de Tratamiento de Gráficos.
- Sistemas de Comunicaciones.
- Sistemas de tratamiento de Sonidos.
- Sistemas Matemáticos y Estadísticos.
- Sistemas de Aplicación Docente.

Este tipo de clases es principalmente para el desarrollo de habilidades de trabajo y manejo de los medios de cómputo.

Es muy importante tener en cuenta que la computadora es un foco de atracción fuerte para cualquier alumno.

El profesor debe ser muy hábil en el control de las actividades de los alumnos, debe saber en qué momento de la clase la va a utilizar. Este debe ser el resultado de una planificación cuidadosa por parte del profesor.

No se puede pasar por alto el desarrollo vertiginoso de los medios de cómputo y éstos requieren cada vez más del desarrollo de habilidades en la navegación.

Las clases correspondientes a esta Situación Típica deben tener una preparación previa, que lleva los siguientes aspectos:

¿Qué Familia de Sistemas de Aplicación se va a introducir?

¿En qué paquete o sistema se va a ejemplificar?

¿Qué objetivo se debe cumplir?

¿Qué características generales y esenciales se van a analizar?

¿Cómo se van a dar estos conocimientos a los alumnos? ¿Se va a dejar que los alumnos lo describan o el profesor los dará como un conocimiento sistematizado?

Si se describirá, ¿qué vía lógica se va a utilizar?

¿Qué enfoque se va a utilizar?

¿Hacen falta algunas condiciones previas?

¿En qué momento se va a utilizar la computadora?

¿Qué habilidades se van a desarrollar?

¿Cómo se va a llevar a cabo la motivación?

¿Se va a apoyar la motivación en la creación de una situación problémica? ¿Cuál es el problema que se va a plantear?

Los alumnos deben darse cuenta de que la necesidad de estudiar estas características es puramente práctica, es decir, surge como parte de la necesidad de resolver problemas mediante computadoras. Se debe ocupar tanto del problema como de la vía de solución.

¿Cómo se orientará el objetivo y la vía de solución?

¿Cómo se va a fijar lo aprendido? ¿Qué tipos de ejercicios de fijación se van a realizar?

¿Cómo se van a controlar los resultados y el cumplimiento de los objetivos?

Toda vez que se ha realizado esta etapa viene la estructuración metodológica de la clase, según las siguientes funciones didácticas:

1. Aseguramiento del Nivel de Partida.

2. Motivación.

3. Orientación hacia los objetivos.

4. Tratamiento de la Nueva Materia.

5. Fijación.

6. Control.

La elaboración del plan temático no debe ser esquemático, sino que debe estar sujeto a modificaciones siempre que sea necesario según las condiciones reales del aula.

La fijación: tiene la particularidad de que debe ir realizándose durante el curso.

Características de la situación típica tratamiento de procedimientos básicos.

1) Tratamiento Metodológico

¿Qué entendemos por Procedimiento Básico?

Procedimiento Básico es aquel del cual pueden derivarse otros procedimientos más complejos, conteniéndolo a él como un elemento más. Sin el dominio de tal procedimiento es difícil y a veces imposible, la resolución de un sistema de problemas.

Esta situación se caracteriza fundamentalmente por dos fases, que son:

I.- La fase de introducción o elaboración del procedimiento.

 1- Esta fase es la etapa de la obtención del procedimiento. Está caracterizada por:

La preparación previa y anotaciones importantes que abarcan los siguientes aspectos:

a) El objetivo a seguir.

b) La importancia del procedimiento (aquí no necesariamente tiene que tratarse un solo procedimiento pero debe cuidarse de no sobrecargar mucho la clase).

c) Su grado de aplicación.

d) Si es básico para la obtención de un nuevo procedimiento o algoritmos. Si lo es, entonces determinar:

- Qué algoritmos generales se pueden generar a partir de él.
- Cuál es el representante de la clase de problemas que se va a resolver y,
- Qué problema base resuelve?

e) Determinar el problema general a resolver.

El problema puede ser resuelto por partes. Hay problemas que se plantean al inicio de la clase, pero que no se pueden resolver completamente, entonces es tarea del profesor decidir hasta qué punto se va a resolver el problema en esa clase.

f) Determinar si el procedimiento es complejo o no según las condiciones que posean los alumnos.

g) Determinar si el procedimiento se va a elaborar o dar como un conocimiento sistematizado.

h) Si se va a elaborar, entonces:

Si se hará total o parcialmente con los alumnos.

Determinar la(s) vía(s) lógica(s) de adquisición de conocimiento que se va a utilizar para la obtención del procedimiento. Si es la vía inductiva, precisar:

Las reflexiones a realizar con los alumnos.

Los medios de reflexiones lógicas de cómo operar naturalmente el fenómeno.

i) Si se va a dar como un conocimiento sistematizado ver si existen algunas orientaciones metodológicas, estudiarlas y guiarse por ellas, si no, estructurar metodológicamente el procedimiento.

j) Se debe saber por qué empezar con este procedimiento y no con otro. Aquí hay que tener en cuenta el orden lógico de necesidades y de contenidos a tratar.

k) Determinar el método, según la comunicación profesor-alumno en el aula.

l) Determinar qué condiciones previas hacen falta reactivar y cómo se van a lograr; así como determinar las que realmente tienen los alumnos.

m) Determinar qué se va a incluir en la motivación y cómo motivar a los alumnos en las áreas de interés de ellos y el problema general.

En la enseñanza de la Informática se dan situaciones típicas como son: formación de conceptos, el procedimiento algorítmico y solución de problemas.

Para estructurar metodológicamente un concepto se debe tener en cuenta: su importancia en el contexto de la disciplina, si es general o específico, si es básico o previamente necesario para la elaboración de otro(s) concepto(s), campo de acción; si se va a formalizar mediante una definición, o se va a introducir mediante una descripción según el grado de desarrollo de los alumnos; la vía lógica (deductiva, inductiva, analógica) a emplear; qué acciones fundamentales se van a realizar para la fijación del concepto (identificación, realización).

Para la estructuración metodológica de un procedimiento algorítmico se debe tener en cuenta: su inserción en el contexto de la asignatura; si es básico, (resuelve una clase de problema) o será de gran aplicación para resolver otros problemas; si se va a elaborar total o parcialmente con los alumnos o se va a dar como un conocimiento ya sistematizado, de acuerdo con la complejidad y el grado de desarrollo de los alumnos; la vía lógica para su elaboración; las acciones fundamentales de forma inmediata o mediata que se van a realizar.

Generalmente el tratamiento de la nueva materia, según el enfoque problémico, se debe partir, siempre y cuando el contenido así lo permita, de la necesidad de tener que resolver una situación problémica, ya que contribuye al desarrollo de habilidades para solucionar problemas mediante la computadora y sirve de base de orientación para la actividad de dirección del proceso de enseñanza – aprendizaje de la Informática al profesor.

En el planteamiento de la situación problémica se debe tener en cuenta su importancia como vimos anteriormente, y en su solución la forma: algorítmica o heurística, en que se va a resolver; qué vía lógica se va a utilizar y tener claridad sobre que conocimientos se están fijando (conceptos, algoritmos).

Algo típico también a tener en cuenta en la enseñanza de la Informática es la comunicación. La comunicación en el proceso de enseñanza – aprendizaje es de gran importancia para el logro de los objetivos en las diferentes etapas de ese proceso, por las relaciones que se establecen fundamentalmente entre alumno – alumno y alumno – profesor.

Cuando se enseña computación, está presente la comunicación pedagógica que se da en la enseñanza de cualquier otra asignatura, pero aquí aparece un elemento más que interviene en ese proceso: la computadora, que actúa como intermediario en la comunicación que se establece entre el programa que se pretende enseñar y el estudiante que trata de aprender a dominarlo. En la enseñanza de esta asignatura la comunicación esta basada además en:

Iconos, que proporcionan un ambiente gráfico en el que las acciones que puede ejecutar el programa están representadas por ellos cuyas imágenes sugieren las funciones que realizan (Ej.: la acción de cortar está representada por una tijera). Por eso es necesario hacer hincapié, durante la enseñanza del manejo de un programa, sobre todo cuando el estudiante se inicia en computación, en la comunicación icónica, no sólo por la información que brinda, sino también porque existen iconos que se emplean tradicionalmente en casi todos los programas que corren sobre el ambiente Windows.

2.- La planificación de la clase con el objetivo a cumplir, la preparación previa y las funciones didácticas:

- El aseguramiento del nivel de partida.

Aquí se debe ejecutar el plan preparado con algunas modificaciones según las condiciones, reacciones, regularidades y diferencias individuales de los alumnos. Ninguna clase es independiente de las demás, al margen de la situación típica en la que se enmarque, mostrando así el carácter sistémico de las clases como formas de organización de la enseñanza.

Una clase depende, de una u otra manera, de las que le anteceden y asegura o prepara y crea, de una u otra forma, las condiciones previas de las que le siguen.

- La creación de una motivación donde el planteamiento del problema es fundamental.

Esta es una fase muy importante donde se debe mostrar que este procedimiento    (o procedimientos) es de mucha utilidad, luego es necesaria su obtención para poder utilizarlo siempre que sea necesario. Se debe realizar esto a partir del planteamiento de un problema que requiere el conocimiento de dicho procedimiento.

Si los alumnos se dan cuenta de la necesidad de poseer esta nueva herramienta, entonces se despiertan los intereses por el nuevo procedimiento o contenido de la Computación. Se debe realizar de una forma natural, elevando el grado de dificultad del problema desde el aseguramiento del nivel de partida, es decir, ir modificándolo hasta que sea complejo y no soluble utilizando los medios que los alumnos poseen, pero que estén  en condiciones de entender los procedimientos necesarios para su solución.

No se debe olvidar  motivar la resolución del problema y después la vía de solución, reflexionando sobre los posibles comportamientos del mismo.

- La orientación hacia el objetivo. Aquí se debe precisar hasta qué punto se va a resolver el problema general.

Aquí el alumnos sabe lo que se espera de él y qué vía va a seguir (cómo resolver el problema planteado). Si el problema planteado no se va a resolver completamente en la clase, los alumnos deben saber que se va a resolver una parte del problema y qué parte se resolverá.

- El tratamiento de la nueva materia, que consiste en la elaboración o tratamiento del procedimiento (puede ser un sistema de procedimientos)

Aquí se presentan los casos particulares (según la vía) o el profesor conduce las reflexiones lógicas mediante impulsos; se analizan estos casos siguiendo las reflexiones concebidas en la preparación previa. Es aquí donde se hace el tratamiento del procedimiento, utilizando el método escogido de comunicación profesor-alumno. Este método está sujeto a cambios según las condiciones particulares del grupo. El procedimiento se puede elaborar totalmente, parcialmente o dar elaborado.

II.- La fase de fijación del procedimiento tratado.

Esta fase consiste en la solución o la realización de ejercicios de forma inmediata y después mediata. Estos deben incluir la resolución del problema planteado al inicio de la clase (si se va a resolver completamente en esa clase, si no, la solución de la parte seleccionada del problema).

- Determinar si el problema se va a resolver inmediatamente después de elaborado el procedimiento.

- Precisar las acciones inmediatas y mediatas para la fijación del procedimiento.

III.- La fase de orientación y control del trabajo independiente.

Esta fase es crucial en la situación típica que nos ocupa, por cuanto el alumno debe recibir las orientaciones precisas para resolver determinadas tareas o problemas por sí mismo, para poder fijar así el procedimiento en cuestión.

Es necesario dejar esclarecidas algunas cuestiones referentes a los conocimientos y las habilidades que deben adquirir los directivos. Dentro del conjunto de contenidos informáticos que necesitan dominar porque son esenciales o fundamentales debido al grado de generalidad de aplicación en la adquisición de nuevos conocimientos y habilidades de ahí la importancia de su integración y sistematización son aquellos que les llamamos invariantes y habilidades informáticas generales.

Sobre lo que pudiera reflexionarse es sobre la metodología ha seguir para que los estudiantes se apropien de esos contenidos, ya que ésta depende del contexto en que se desarrolla el proceso de enseñanza, las características de los actores de ese proceso y el momento histórico social concreto.

Entre las investigaciones de carácter metodológico realizadas, se encuentra la del Dr. Ricardo Expósito, donde realiza algunas consideraciones metodológicas generales que tendremos en cuenta para la etapa de desarrollo de la propuesta curricular y que plantea como lineamientos generales para la introducción de la Informática en la escuela:

"Uno de los objetivos generales y esencial de la enseñanza de la Informática debe ser el desarrollo en los alumnos de habilidades para la resolución de problemas mediante el uso de la computadora".[10]

En correspondencia con este propósito general, los contenidos que deben formar parte del programa curricular contemplarán, ante todo, los fundamentos de la Informática. Así mismo el enfoque metodológico que debe predominar en el curso, en relación con el objetivo general, será el enfoque problémico.

La computadora es el medio más significativo en las clases de Informática.

La evaluación debe tener un carácter sistemático e integrador y tener presente las habilidades.

La organización de la clase de Informática tiene características particulares; no es una clase tradicional, sobre todo cuando en ella interviene, de forma integrada al proceso, la computadora. El profesor debe planificar quiénes, cómo, cuándo y para qué se va a utilizar la computadora, cuál va a ser la relación alumno - máquina (individual o por equipo); cómo atender las diferencias individuales y el trabajo independiente de cada alumno o equipo". (Expósito, 1996)

De lo anteriormente citado se presume la importancia de la adquisición de habilidades informáticas, por lo que ahondaremos un tanto en esto.

En su tesis de maestría, Miriam Jorge (1999), ofrece una definición de habilidad informática a la cual se adscribe el autor. "Se entiende por habilidad informática el dominio de acciones psíquicas y motoras que posibilitan una regulación de la actividad intelectual y física del hombre en el proceso de resolución de problemas, mediante la utilización de recursos y medios informáticos".[11]

---

[10] Expósito, 1996, página 25
[11] Miriam Jorge (1999), página 12

Por el concepto antes expuesto, consideramos que en informática se pueden adquirir habilidades de tipo generales o específicas.

Entendemos como habilidades informáticas generales, aquellas que pueden ser empleadas para el mismo fin pero en un ambiente o situación informática diferente. Y las específicas aquellas que son propias para determinado ambiente o situación. Por ejemplo la habilidad para guardar información puede ser considerada general, por que es empleada con ese fin, en cualquiera de las aplicaciones del sistema Microsoft Office; y como ejemplo de habilidad específica podemos citar la necesaria para lograr combinar correspondencia utilizando Microsoft Word.

La formación de habilidades es un elemento importante a tener en cuenta en la enseñanza de la informática, esto, está fundamentada en la rápida evolución de la Informática y la cantidad de conocimientos que se acumula en un tiempo relativamente corto. Para marchar paralelamente a esta evolución es necesario que los estudiantes adquieran los contenidos y desarrollen las habilidades que en cada contexto son generales, que le serán necesarias para obtener de forma independiente los nuevos conocimientos que van surgiendo

Organización de la clase de informática

En la organización de la clase de informática hay que tener presente que:

- No es una clase tradicional, sobre todo cuando en la misma interviene la computadora de forma integrada al proceso y qué Elementos de Metodología de la Enseñanza de la Informática puede adoptar, según las circunstancias, diferentes formas organizativas.

- Planificar cómo, cuándo y para qué se va a utilizar la computadora, de forma que contribuya significativamente en el desarrollo de habilidades intelectuales e interactivas para poder resolver problemas mediante computadoras.

- Precisar cuál va a ser la relación alumno-máquina, (individual o por equipos).

- ¿Cuál va a ser la atención a las diferencias individuales y al trabajo independiente de cada alumno o equipo? Como se aprecia, estos aspectos organizativos están muy vinculados al uso y el papel de la computadora como medio en la clase.

## 1.3. Los medios de enseñanza informáticos. Su clasificación.

Hoy en día los maestros que deciden emplear la informática  como medio de  enseñanza tienen a su disposición una amplia  gama  de programas  que pueden ser empleados por ellos con ese  propósito.

Unos han sido desarrollados expresamente con ese fin por  equipos multidisciplinarios integrados  por  pedagogos,  psicólogos, artistas y programadores, otros por solitarios programadores que se  apoyan  en  sus  conocimientos  sobre  su especialidad  para apuntalar  su  discutible  experiencia  (o a  veces  intuición) pedagógica,  y otros, son simples programas comerciales  que  por algunas  de sus características pueden ser empleados con  provecho dentro de la actividad docente.

Cada uno de  estos  programas  tiene  propósitos  específicos, dirigidos a contribuir con el desarrollo de alguno (a veces  más de  uno) de  los aspectos del proceso  docente.  Unos pretenden  enseñar al alumno un contenido nuevo, otros simular el desarrollo de  un  proceso físico, los  hay  que  intentan  contribuir  al desarrollo  de  alguna habilidad, psíquica o motora;  otros  sólo pretenden  evaluar  los  conocimientos del  estudiante  sobre  un determinado contenido.

La computadora un medio de enseñanza muy significativo

Es significativo el papel que desempeña la computadora en las clases  de informática en la actualidad, por lo que se reconoce que en estos medios técnicos de enseñanza son muy significativo, no obstante, el profesor debe tener suficiente conciencia sobre:

• Este medio de enseñanza novedoso es a la vez su principal competidor por atraer poderosamente la atención de los alumnos, por lo que requiere de preparación y entrenamiento en la dirección del proceso docente – educativo  con la integración de este medio. La pérdida del control de dicho proceso es uno de los problemas principales que se observan en las clases de informática, cuando se integra este medio, aún en profesores muy experimentados.

• La computadora debe contribuir al desarrollo intelectual de los alumnos y nunca debe usarse en contra de dicho desarrollo. En este sentido, en el proceso de resolución de problemas mediante computadoras, se observa con cierta frecuencia, tendencias a que la computadora "piense" y no el alumno.

La sistematización de la teoría tratada y el estudio exploratorio realizado en el territorio con la participación de múltiples especialistas de la materia, aportaron criterios y puntos de vista acerca del tema de estudio e hicieron posible una mayor profundización y valoración en los elementos de la teoría acerca del objeto y el campo.

Todo ello permitió un mayor acercamiento al estudio de elementos conceptuales, categorías, principios, leyes. Asimismo se realizó la revisión de diferentes investigaciones que abordan la temática de estudio. En este sentido se centra la atención en los indicadores determinados por los autores. Garcés Eduardo (2008), Quiñones Danilo (2008), Ortiz Jorge (2008), Merlo Josefa, Vega Marisela, y los materiales en soporte digital: Formación y perfeccionamiento del personal pedagógico, La Educación en Cuba, y Breve reseña del desarrollo de la Educación en Las Tunas, que abordan la temática objeto de estudio.

La profundización en el estudio de los contenidos teóricos relacionados con la superación de los directivos citados en este capítulo y la experiencia del autor en el trabajo directo como profesor de informática desde su introducción como asignatura en el preuniversitario primero y luego como profesor de todos los cursos de formación de profesores de la misma que se impartieron en el municipio y como Coordinador de la Carrera de Informática de la Sede de Manatí más tarde, permitió la determinación de las dimensiones e indicadores que guían este análisis los que relacionamos a continuación.

## Indicadores para medir la efectividad de la propuesta. (Anexo I)

1. Dominio de la M.E.I.

2. Dominio de los enfoques de la M.E.I.

3. La computadora como medio novedoso de enseñanza.

4. Utilización de los enfoque de la M.E.I. durante el desarrollo de la clase.

5. Empleo adecuado de la computadora en la clase de informática.

6. Desarrollo de la clase de informática en correspondencia con su metodología.

## Conclusiones

En este capítulo se aborda lo relativo a la superación de los directivos por etapas desde el triunfo de la Revolución Cubana hasta la actualidad y en particular la preparación para dirigir el proceso de enseñanza – aprendizaje de la informática desde su introducción en los diferentes subsistemas de educación en Cuba donde se aprecia la insuficiente preparación que en el orden metodológico han recibido los cuadros de dirección, en la elaboración y aplicación de estrategias metodológicas de la enseñanza-aprendizaje de la Informática, en los enfoques de la enseñanza de la asignatura y la computadora como medio novedoso de enseñanza.

Se considera que las Situaciones Típicas que ocurren en la enseñanza de la Informática son: formación de conceptos, elaboración de procedimientos básicos, resolución de problemas y navegación por el sistema.

Es significativo el papel que desempeña la computadora en las clases de informática en la actualidad, por lo que se reconoce que estos medios técnicos de enseñanza son muy atractivos, por lo que el profesor requiere de preparación y entrenamiento en la dirección del proceso docente – educativo con la integración de este medio.

En el próximo capítulo se presentará la fundamentación de los talleres metodológicos, teniendo en cuenta el diagnóstico inicial, la propuesta de los talleres y el diagnóstico final. Su valoración.

## CAPÍTULO II. FUNDAMENTACIÓN DE LOS TALLERES METODOLÓGICOS. ANÁLISIS DE LOS RESULTADOS

En este capítulo se incluye el análisis de la muestra desde una caracterización inicial se fundamentan los talleres pedagógicos, dirigidos a la superación de los directivos que trabajan en las diferentes educaciones para potenciar la calidad de la clase de informática y, por último, se realiza una valoración de la implementación de la propuesta a partir del análisis de los resultados obtenidos en el diagnóstico final.

### 2.1 Diagnóstico inicial de la superación de los directivos de las diferentes educaciones para prepararlos metodológicamente en la clase de informática

Para la realización de la investigación se seleccionó como muestra a doce directivos de las diferentes educaciones del municipio de Manatí que atienden en sus escuelas a docentes de la asignatura de informática.

De ellos ocho son licenciados en Educación infantil (66,6 %) y cuatro en Educación media superior (33,4 %). el 100% están matriculados en la Maestría en Ciencias de la Educación, de los cuales, dos ya defendieron con éxito su tesis; cinco son profesores instructores y laboran a tiempo parcial en la Sede Pedagógica. El curso pasado todos alcanzaron evaluación de Bien y defendieron la tarea integradora de la maestría, son responsables y participan activamente en las tareas de superación.

Las regularidades constatadas a partir de la aplicación de un grupo de instrumentos que abarcó: el análisis de documentos, la observación de clases y pruebas pedagógicas, permitieron determinar las necesidades de superación de los directivos seleccionados.

Análisis de los resultados obtenidos:

En el análisis de los documentos que abarcó la revisión de programas y planes de estudio de las tres educaciones, el autor centró su atención en constatar cuáles son los enfoques más adecuados para impartir los contenidos informáticos de dichos programas y el uso que en los mismos tendrá la computadora para lograr una correcta utilización de la misma.

Se pudo apreciar que en todas de las enseñanzas los directivos tienen insuficiente dominio de los enfoques de la enseñanza de la informática y concebían la misma como una clase tradicional 4 directivos para un 66,7 %.

Los directivos al ser encuestados **(Anexo 3)** sobre el dominio de la metodología de la informática contestaron que no el 100% de los mismos y a la pregunta de si habían recibido temas relacionados con la misma en las reuniones metodológicas municipales respondieron que no la totalidad de la muestra.

La guía de observación de la clase **(Anexo 4)** de informática solamente era utilizada por 3 directivos para un 25% del total de seleccionados.

De los directivos seleccionados 2 refirieron que dominaban informática bien para un 16,7 % y 10 que no tenían dominio de la asignatura que representa el 83,3 %

El estudio realizado a la estrategia de superación con el objetivo de precisar los temas relacionados con la metodología de la informática a directores en las reuniones mensuales se pudo constatar que no se planifican por parte de la dirección municipal ninguna actividad de preparación de los mismos que les permita dirigir con eficiencia el proceso docente educativo en la asignatura de informática.

Por otro lado, se tratan contenidos que apuntan más hacia la solución de los problemas metodológicos de las asignaturas (sin particularizar en la clase de informática) que a los elementos de la especialidad.

Los resultados obtenidos del análisis de los informes de visitas dan cuenta de la necesidad de dirigir acertadamente el proceso de enseñanza - aprendizaje, que propicie un adecuado tratamiento a los problemas del orden metodológico que presentan los profesores de la asignatura. Según los documentos revisados; las actividades metodológicas no demuestran al maestro con exactitud cómo desarrollar la clase, con la utilización de un medio de enseñanza tan novedoso como la computadora y el empleo adecuado de los enfoques de la enseñanza de la informática. En los certificados de evaluación de los profesores de la asignatura, generalmente, no se particularizan los problemas y las recomendaciones, son más administrativas que metodológicas.

La prueba pedagógica **(Anexo 5)** aplicada a los directivos, permitió corroborar **(Anexo Resultados 6)** sus necesidades y potencialidades, revelándose del análisis realizado insuficiencias en la preparación teórica y práctica para dirigir eficientemente el trabajo metodológico de la asignatura de informática, lo cual influye notablemente en el desempeño profesional de los profesores de la asignatura y por consiguiente en la calidad del proceso de enseñanza-aprendizaje de la misma, como se demuestra a continuación:

En la pregunta (Mencione los enfoques de la enseñanza de la informática) ningún directivo alcanzó el nivel alto; un directivo obtuvo el nivel medio para el 8,3% y once el nivel bajo para el 91,7%. En la segunda pregunta (En la enseñanza que dirijo los enfoques recomendados son), ningún directivo alcanzó el nivel alto ni medio, todos están el nivel bajo para el 100%. En la tercera pregunta Ponga ejemplos del uso de la computadora como:

- Medio de enseñanza.

- Objeto de estudio.

- Herramienta de trabajo.

El 8,3 % alcanzó el nivel alto, (un directivo); el 33,3 % nivel medio (cuatro   directivos)   y el 62,4 % nivel bajo (6 directivos).

Por lo que arribo a las siguientes consideraciones:

En la dimensión uno (dominio cognitivo), se comprobó que no se encuentran directivos con un nivel alto de preparación; en el nivel medio dos directivos que representa el 16,7 % y bajo diez directivos que representa el 83,3%. En los indicadores 1.1 y 1.2 relacionados con el dominio de la M.E.I.  y el dominio de los enfoques de la M.E.I, se significa que sólo 2 directivos poseen un nivel medio de preparación, lo que representa el 16,7%; predominando el nivel bajo,  diez directivos que representa el 83,3 %, en el indicador 1.3 referido a la computadora como medio de enseñanza en el nivel alto, no hay ningún directivo, en el nivel medio, 10 directivos, que representa el 83,3% y en el nivel bajo, dos directivos, que representa el 16,7%, lo que demuestra insuficiencias para dirigir el proceso de enseñanza – aprendizaje de la informática.

En la evaluación de la dimensión dos (instrumentación en la práctica), se constató que en el nivel alto no hay ningún directivo; sólo se alcanza el 25 % en el nivel medio y el mayor % en el nivel bajo, el 75; incluyendo seis directivos de doce que es la muestra. En el indicador 2.1 se ubicaron todos los directivos en el nivel bajo para el 100%. En el 2.2 obtuvieron un nivel medio 10 directivos, que representa el 83,3 y bajo dos, que representa el 16,7%.

En el 2.3 clasificaron dos directivos en el nivel medio, que representa el 16,7% y bajo diez, para el 83,3%. Es necesario señalar que el indicador con mayor incidencia fue el uno, relacionado con la utilización de los enfoques en el desarrollo de la clase, donde se alcanza el 0 %, en el nivel alto y medio y el 100% lo abarca el nivel bajo.

Lo anterior corrobora que la superación de los directivos en la metodología de la asignatura informática es necesaria, en tanto ninguno posee el nivel alto; el 16,7 % se ubica en el nivel medio y el 83,3 % en el nivel bajo.

Las principales regularidades encontradas en el diagnóstico inicial relacionadas con las necesidades de superación de los directivos de las diferentes educaciones, a continuación se relacionan:

• La formación inicial y postgraduada que recibieron los directivos no les facilitó todos los conocimientos teóricos, metodológicos y prácticos necesarios para la dirección del proceso de enseñanza – aprendizaje de la informática.

• La preparación que poseen los directivos en la metodología de la enseñanza de la informática no es suficiente.

• Pobre dominio de los directivos de los procedimientos básicos de la informática.

• Las acciones de superación realizadas dentro del sistema de trabajo metodológico del municipio, no responden a las necesidades y potencialidades de los directivos para dirigir el proceso de enseñanza – aprendizaje de la informática.

• Los contenidos que se abordan en la superación de los directivos no se les dan temas relacionados con la enseñanza de la informática como caso especial de la pedagogía.

A partir de  las insuficiencias antes declaradas en la superación de los directivos de las diferentes enseñanzas del municipio de Manatí y las potencialidades que contienen los talleres pedagógicos como una vía para lograr el objetivo de la investigación, se presenta a continuación la propuesta, centrada en el dominio de los contenidos teóricos-prácticos y metodológicos de los contenidos de la enseñanza.

## 2.2. Fundamentación de los talleres metodológicos  dirigidos a los directivos sobre la metodología de la enseñanza de la informática

El taller como vía de superación permite vincular el desarrollo del conocimiento con la práctica, por lo que constituye una forma organizativa que ayuda a este propósito, existen varios criterios para analizar en que consiste un taller, que va desde la necesidad de una práctica de carácter técnico muy concreta hasta la proyección de actividades para lograr la motivación en pequeños grupos.

La palabra taller tiene su origen en el vocablo francés "Atelier" que significa estudio, obraje, oficina, también define una escuela de ciencias donde asisten los estudiantes.

A este término se le ha dado diversos usos de acuerdo con las diferentes ramas del saber, la industria y las producciones, identificándose todas con el lugar, forma y característica de lo que se hace o produce con vista a satisfacer las crecientes necesidades que ha ido imponiendo el desarrollo de la sociedad con el decursar del tiempo.

En la presente investigación se propone el taller como organización de la superación de los directivos de las diferentes educaciones, para potenciar el conocimiento que sobre la metodología de la enseñanza de la informática poseen, en tanto estos propician que a partir del trabajo en grupo se generen aprendizajes que favorezcan los niveles necesarios para el desarrollo del colectivo y por consiguiente mejores resultados en el desempeño profesional de los directivos.

El diccionario DRAE de la Enciclopedia Encarta lo define: 1. Lugar en que se trabaja una obra de manos. // 2. Escuela o seminario de ciencias o de artes. // 3. Conjunto de colaboradores de un maestro. G. Mirabet Perozo (1990) el taller es una reunión de trabajo donde se unen los participantes en pequeños equipos para hacer aprendizajes prácticos según los objetivos que se proponen y el tipo de asignatura que los organice.

Por su esencia y valoraciones que se realizan se adopta el concepto de taller de Delci Calzado como:

"una forma de organización para la reflexión grupal sobre los problemas profesionales, sus causas, consecuencias y alternativas de solución en correspondencia con el contexto en que se manifiestan"[12]

Como forma de organización se debe tener en cuenta sus componentes para la adecuada organización del trabajo del facilitador y los directivos, es decir, partir de los objetivos que se tracen y determinar los contenidos, métodos y medios a utilizar, así como las formas de evaluación de los resultados.

---

[12] Delci Calzado 2004, página 37

Lo anterior infiere que el taller como forma organizativa para la superación debe estar dirigida a consolidar los vínculos entre la teoría y la práctica, mediante la reflexión que desarrollan los sujetos del proceso en correspondencia con los objetivos que se tracen y los resultados del trabajo que se haya realizado tanto grupal como individual.

Los métodos que se utilicen deben tener un carácter problémico y propiciar el desarrollo para lograr los nexos de la teoría con la práctica y propiciar el desarrollo de habilidades. Dentro de los procedimientos que se pueden emplear deben tenerse en cuenta aquellos que permitan la utilización de dinámicas grupales variadas.

En el desarrollo de talleres debe primar la discusión de los resultados alcanzados a partir de las propias experiencias de los directivos con el ánimo de intercambiar y socializar la información, aceptar y enfrentar las observaciones en un espíritu de cooperación para propiciar el desarrollo a partir del análisis que se realiza y de la toma de decisiones sobre el particular.

En el taller se aprende haciendo, por lo que es importante el espíritu colectivo en el trabajo y que estén delineadas las funciones de cada uno de los sujetos: el facilitador como guía y coordinador del proceso y los directivos como agentes de discusión y transformación entorno a la temática objeto de estudio.

Para esto se requiere la preparación previa de los participantes que condiciona el momento y la forma de realizar el taller. Esta forma de organización requiere de alta creatividad y que exista experiencia teórica o práctica de los participantes, para poder abordar la realidad estudiada de forma efectiva, que sirva de retroalimentación y fundamento para su perfeccionamiento profesional en forma de equipo de trabajo. Los especialistas reconocen características básicas en un taller y tareas a cumplir, estas son:

• El taller es una forma organizativa profesional que establece un contacto con la realidad, que se puede aplicar en cualquiera de los componentes organizacionales.

• En el taller debe crearse un equipo de trabajo que aborde, en grupo, un problema central que se origina en la práctica y vuelva a este cualitativamente, transformado por la discusión profesional del grupo con sus aportes correspondientes.

• Es una forma de organización que por sus características, contribuye a la preparación óptima del profesional.

Para concluir el análisis de este componente de organización que se adopta para la superación de los directivos consideramos necesario plasmar las siguientes ideas:

"... Permite sistematizar e integrar conocimientos, habilidades, valoraciones y experiencias en la actividad profesional creadora desde la interacción grupal..."[13]

"... Lo importante en el taller es la organización del grupo, en función de los temas que tienen como objetivo central aprender en el grupo, del grupo y para el grupo..."

La sistematización teórica realizada en el capítulo anterior, en relación con los fundamentos teóricos en torno a la superación y en particular de los talleres como forma de organización de este proceso, nos permitió fundamentar la propuesta, que se exponen a continuación.

Estructura de los talleres metodológicos:

Asumimos la estructura de los talleres de la autora Delci Calzado: Tema, Problema, Objetivo, Métodos, Técnicas, Función, Motivación, Tareas, Bibliografía, Indicadores para la evaluación y las Orientaciones para el próximo taller.

Para lograr la efectividad de los talleres en cuanto al estudio de la bibliografía orientada, se debe garantizar que en dicha escuela exista la misma, lo que garantizará su estudio y por consiguiente la preparación de los directivos en los temas de cada taller con anterioridad al encuentro.

Se considera pertinente antes de instrumentar los talleres pedagógicos organizar y ejecutar un encuentro de inicio, con el propósito de intercambiar con los directivos y reflexionar sobre los resultados del diagnóstico inicial e informarles las principales regularidades y las potencialidades que se constataron para erradicar las insuficiencias, se debe aprovechar este momento para dar a conocer: los objetivos, contenidos, la bibliografía, así la como la forma de organizar la actividad de superación, sometiéndolos a su consideración y aprobación.

En este intercambio se les entregará la guía de estudio para el primer taller, por lo que al concluir cada taller se le orientará la guía de estudio para el próximo taller, que recoge contenidos a tratar y la bibliografía a utilizar, fundamentalmente.

---

[13] Delci Calzado 2004, página 48

En este primer encuentro se negociará con los directivos el tiempo de duración de cada taller (45 minutos), la forma en que se agruparán para darle cumplimiento a las tareas orientadas, proponiéndoles que se realice dos equipos, con seis integrantes cada uno, los cuales permanecerán durante el desarrollo de los talleres.

Se les sugiere que el equipo 1: esté integrado por directivos de la educación infantil, 3 de la Educación Primaria, 1 en Educación Especial y 2 metodólogos de estas enseñanzas y el equipo 2: por dos directores de media básica, dos de media superior y dos metodólogos de estas enseñanzas, lo que constituyen precisiones comunes para todos los talleres.

Entre los mismos miembros cada equipo seleccionará un conductor que guíe las actividades a realizar; un registrador que registre los aspectos fundamentales que conformarán el informe, es necesario el análisis previo antes de presentarlo al claustro y un controlador del tiempo.

En este encuentro inicial es pertinente que se analicen dos aspectos importantes: las orientaciones para el buen escucha (anexo 8) y las reglas para el buen escucha (anexo 9), lo que posibilitará eficiencia en los talleres pedagógicos y garantizará, disciplina, responsabilidad, aprovechamiento y una mayor efectividad en el trabajo.

Los objetivos y contenidos que se proponen para darle tratamiento mediante los talleres pedagógicos, se han seleccionado atendiendo a que existen directivos que componen la muestra con una formación informática muy baja, previendo una equiparación de conocimientos desde el punto de vista teórico de los miembros de cada equipo en lo metodológico y práctico, en relación con las concepciones actuales de la clase de computación, que les permitan perfeccionar su práctica pedagógica y dirigir de manera acertada el proceso de enseñanza-aprendizaje de la clase de informática. A continuación relacionaré estos objetivos y contenidos:

Objetivos:

- Explicar definición de enfoque.

- Conocer los enfoques de la enseñanza de la informática y su uso en el proceso de enseñanza – aprendizaje de la informática.

- Caracterizar los enfoques más adecuados para impartir las diferentes aplicaciones que forman el curriculum de las diferentes educaciones.

- Identificar los métodos, procedimientos y medios de enseñanza que propicien una correcta dirección del proceso de enseñanza - aprendizaje.

- Modelar actividades que propicien una correcta dirección del proceso de enseñanza – aprendizaje de la informática.

- Perfeccionar la calidad de la clase de informática.

Contenidos:

- Los enfoques de la enseñanza de la informática  y su uso en el proceso de enseñanza – aprendizaje de la informática.

- Características de los enfoques  más adecuados para impartir las diferentes aplicaciones que forman el curriculum  de las diferentes educaciones

- Métodos,  procedimientos y medios de enseñanza que propicien una correcta dirección del proceso de enseñanza - aprendizaje.

- Actividades que propicien una correcta dirección del proceso de enseñanza – aprendizaje de la informática.

A continuación referiremos los talleres propuestos:

Propuesta de los talleres:

**Taller 1.**

**Tema:** Fundamentos teóricos en torno a la metodología de la enseñanza de la informática.

**Problema:** Insuficiente conocimiento de las concepciones generales en torno a la metodología de la enseñanza de la informática (enfoques).

**Objetivo:** Explicar definición, y clasificación de los enfoques dados en la metodología de la enseñanza de la informática.

**Métodos:** Elaboración conjunta.

Expositivo oral.

**Técnicas:**

Estudio individual de cada integrante de los equipos.

Discusión colectiva de cada una de las tareas en el equipo (momento de apropiación de ideas).

Exposición de los resultados del trabajo realizado.

Reflexión grupal.

**Función:** Reflexión e interpretación sobre la clasificación y aplicación de los diferentes enfoques de la enseñanza de la informática.

**Motivación:** Teniendo en cuenta el estudio individual orientado con anterioridad, realizar una breve conversación sobre la definición y la utilización de los diferentes enfoques de la enseñanza de la informática en el nuevo contexto.

**Tareas** específicas para los equipos y el grupo:

**Equipo 1.**

Localizar en la bibliografía orientada, las concepciones generales de los enfoques de la enseñanza de la informática:

- Definición de enfoque.

- Clasificación de los enfoques de la enseñanza de la informática.

**Equipo 2.**

Localizar en la bibliografía orientada, las concepciones generales del uso de los diferentes enfoques de la enseñanza de la informática:

- Procedimientos didácticos en la utilización de los enfoques de la enseñanza de la informática.

- Enfoques recomendados para la impartición de los diferentes sistemas de aplicación del sistema operativo Windows.

- Debate de las actividades por ambos equipos.

Solicitarles a ambos equipos que reflexionen en torno a la siguiente interrogante:

¿Qué enfoques de la enseñanza de la informática utilizaría en las diferentes aplicaciones que conforman el paquete del sistema operativo Windows?

**Tarea del grupo:** valorar críticamente la participación activa y consciente de cada integrante, del equipo y del grupo.

Al grupo de directivos se les orientará que elaboren un informe (para entregar en el próximo taller) en el que reflexionen sobre los aspectos que se refieren en el texto: "Metodología de la enseñanza de la informática" de un colectivo de autores los aspectos son los siguientes:

¿En qué consiste el enfoque intruccionista o del manual?

¿Dónde usted   recomendaría su uso en el nuevo contexto de la enseñanza de la informática?

¿Cuál es el enfoque del problema base?

¿En el nuevo contexto de la enseñanza de la informática, en qué sistema de aplicación usted recomendaría su uso?

**Bibliografía:**

ADDINE FERNÁNDEZ, F. Talleres educativos: una alternativa de organización de la práctica laboral investigativa. _1996._Tesis en opción a la categoría científica de Doctora en Ciencias Pedagógicas. _La Habana, 1996.

ALONSO MARTÍNEZ, MERCEDES C. Temas de introducción a la formación pedagógica._ Ciudad de La Habana: Editorial Pueblo y Educación, 2004.

BERMÚDEZ SARGUERA, R. Teoría y metodología del aprendizaje. /Rogelio Bermúdez y Marisela Rodríguez / Ciudad de  La  Habana: Editorial Pueblo y Educación, 1996.

COLECTIVO DE AUTORES. Manual Básico de Computación. Ciudad de La Habana: Editorial  Pueblo  y Educación, 1997.

Colectivo de autores. Metodología de la enseñanza de la informática .Ciudad de La Habana. Editorial Pueblo y Educación, 2005(Pág. 6 a la 18, de la 19 a la 23, de la 56 a la 61).

EXPÓSITO. C. y otros. Metodología de la enseñanza de la  Computación. I.S.P. "E.J.Varona". Cuba. 1997. - Expósito, C. Una estructuración metodológica para la enseñanza  de la asignatura Computación en el nivel medio en Cuba. Tesis  en  opción al grado científico de Doctor  en  Ciencias   Pedagógicas. La Habana, Cuba. 1990.

GONZÁLEZ CASTRO, V. Teoría y práctica de los medios de enseñanza. Editorial Pueblo y Educación. La Habana, Cuba. 1986.

LABARRERE, G. PEDAGOGÍA. Editorial Pueblo y Educación. La Habana, Cuba. 1988.

MACHADO MÉNDEZ MANUEL. La enseñanza-aprendizaje de los Procesadores de Textos en el Preuniversitario (una alternativa metodológica sobre la base del Sistema Integrado Works), 2000

MINED. Mención en Educación Especial. Periolibro segunda parte. Módulo III. La Habana. Editorial Pueblo y Educación, 2007.

**Indicadores para la evaluación:**

- Calidad de la modelación de las tareas asumidas.

- Implicación y compromiso en la solución de las tareas.

- Coherencia en la exposición de las ideas.

- Responsabilidad y cultura de los debates.

- Nivel de reflexión individual y grupal.

**Orientaciones para el próximo taller:** Bibliografía de consulta y tareas a desarrollar por cada equipo.

**Equipo 1.**

El enfoque del problema base.

¿Cómo proceder al utilizar este enfoque en la enseñanza del procesador de texto Word del sistema de aplicaciones?

**Equipo 2.**

Revisar la bibliografía indicada que posibilite:

- Caracterizar el enfoque intruccionista o del manual.

- ¿Cómo proceder al usar este enfoque en la enseñanza de un programador?

**Taller 2.**

**Tema:** Los enfoques del manual o intruccionista y del problema base en el nuevo contexto de la enseñanza de la informática.

**Problema:** Insuficiente conocimiento de los enfoques del manual o intruccionista y del problema base de la enseñanza de la informática y su utilización en el nuevo contexto.

**Objetivo:** utilizar los enfoques del manual o intruccionista y del problema base de la enseñanza de la informática adecuadamente en el nuevo contexto.

**Métodos:** Elaboración conjunta.

Expositivo oral.

**Técnicas:**

Estudio individual de cada integrante de los equipos.

Discusión colectiva de cada una de las tareas en el equipo (momento de apropiación de ideas).

Exposición de los resultados del trabajo realizado.

Reflexión grupal.

**Función:** Reflexión e interpretación sobre la utilización de los enfoques del manual o intruccionista y del problema base en el nuevo contexto de la enseñanza de la informática.

**Motivación:** Para dar inicio al taller se procede a leer el texto: Jamás serás maestro, expresado en el libro: Temas de introducción a la formación pedagógica (Pág. 6).

¿Qué opinan del mensaje transmitido en el texto?

¿Cómo debe ser un maestro?

Establecer breve reflexión y debate.

Tareas específicas para los equipos y el grupo:

**Equipo 1.**

Revisar la bibliografía indicada que posibilite:

- Resumir en qué consiste el enfoque del problema base.

- ¿Cómo proceder en la aplicación del enfoque del problema base en la enseñanza del Word?

**Equipo 2.**

Revisar la bibliografía indicada que posibilite:

- Realizar análisis y resumen sobre el enfoque del manual o intrucccionista.

- Realizar un análisis crítico de cómo proceder cuando utilizamos este enfoque en la enseñanza de un programador.

- Debate de las actividades por ambos equipos.

Tareas del grupo: valorar críticamente la participación activa y consciente de cada integrante, del equipo y del grupo.

**Bibliografía:**

ADDINE FERNÁNDEZ, F. Talleres educativos: una alternativa de organización de la práctica laboral investigativa. _1996._Tesis en opción a la categoría científica de Doctora en Ciencias Pedagógicas. _La Habana, 1996.

ALONSO MARTÍNEZ, MERCEDES C. Temas de introducción a la formación pedagógica._ Ciudad de La Habana: Editorial Pueblo y Educación, 2004.

BERMÚDEZ SARGUERA, R. Teoría y metodología del aprendizaje. /Rogelio Bermúdez y Marisela Rodríguez / Ciudad de La Habana: Editorial Pueblo y Educación, 1996.

COLECTIVO DE AUTORES. Manual Básico de Computación. Ciudad de La Habana: Editorial Pueblo y Educación, 1997.

Colectivo de autores. Metodología de la enseñanza de la informática .Ciudad de La Habana. Editorial Pueblo y Educación, 2005(Pág. 6 a la 18, de la 19 a la 23, de la 56 a la 61).

EXPÓSITO. C. y otros. Metodología de la enseñanza de la Computación. I.S.P. "E.J.Varona". Cuba. 1997. - Expósito, C. Una estructuración metodológica para la enseñanza de la asignatura Computación en el nivel medio en Cuba. Tesis en opción al grado científico de Doctor en Ciencias Pedagógicas. La Habana, Cuba. 1990.

GONZÁLEZ CASTRO, V. Teoría y práctica de los medios de enseñanza. Editorial

Pueblo y Educación. La Habana, Cuba. 1986.

LABARRERE, G. PEDAGOGÍA. Editorial Pueblo y Educación. La Habana, Cuba. 1988.

MACHADO MÉNDEZ MANUEL. La enseñanza-aprendizaje de los Procesadores de Textos en el Preuniversitario (una alternativa metodológica sobre la base del Sistema Integrado Works), 2000

MINED. Mención en Educación Especial. Periolibro segunda parte. Módulo III. La Habana. Editorial Pueblo y Educación, 2007.

**Indicadores para la evaluación:**

- Nivel de comprensión en la situación de la tarea.

- Respeto y cultura en los debates.

- Toma de posición con varios referentes.

- Nivel de reflexión e intercambio grupal.

**Orientación del próximo taller:** Bibliografía de consulta y tareas a desarrollar por cada equipo.

**Equipo 1.**

Revisar la bibliografía indicada que posibilite:

- Analizar en qué consiste el enfoque del modelo.

**Equipo 2.**

Revisar la bibliografía indicada que posibilite:

- En el nuevo contexto de la enseñanza de la informática en qué sistema de aplicación es recomendable su uso.

- ¿Cómo proceder en la enseñanza del Paint cuando utilizamos el enfoque del modelo?

**Taller 3.**

**Tema:** El enfoque del modelo en el nuevo contexto de la enseñanza de la informática.

**Problema:** Insuficiente conocimiento del enfoque del modelo en la enseñanza de la informática y su utilización en el nuevo contexto.

**Objetivo:** utilizar el enfoque del modelo en la enseñanza de la informática adecuadamente en el nuevo contexto.

**Métodos:** Elaboración conjunta.

Expositivo oral.

**Técnicas:**

Estudio individual de cada integrante de los equipos.

Discusión colectiva de cada una de las tareas en el equipo (momento de apropiación de ideas).

Exposición de los resultados del trabajo realizado.

Reflexión grupal.

**Función:** Reflexión e integración de los aspectos teóricos - metodológicos del diagnóstico en la práctica del seguimiento de sus resultados.

**Motivación:**

Para dar inicio al taller se procede a continuar la lectura en el texto: Jamás serás maestro, expresado en el libro: Temas de introducción a la formación pedagógica (Pág. 7).

¿Qué proceso dirige el maestro?

Establecer una breve reflexión y debate.

Tareas específicas para los equipos y el grupo:

**Equipo1.**

Revisar la bibliografía indicada que posibilite:

- Resumir en qué consiste el enfoque del modelo.

**Equipo 2.**

Revisar la bibliografía indicada que posibilite:

- ¿Cómo proceder en la aplicación del enfoque del modelo en la enseñanza del Paint?

Debate de las actividades por ambos equipos.

• A ambos equipos se les orientará la dimensión (los enfoques de la enseñanza de la informática) y se les solicitará que determinen indicadores y diseñen métodos de investigación que permitan diagnosticar esta dimensión (se le dará diez minutos para esta actividad).

• Una vez preparados los equipos se procederá a la lectura crítica de los aspectos indicados.

• Enfocar los principales problemas que afectan la calidad de la clase de informática en el no uso o el uso incorrecto de este enfoque en la enseñanza del Paint y su incidencia en la calidad del proceso de enseñanza – aprendizaje de la asignatura.

Tarea del grupo: valorar críticamente la participación activa y consciente de cada integrante, del equipo y del grupo.

**Bibliografía:**

ADDINE FERNÁNDEZ, F. Talleres educativos: una alternativa de organización de la práctica laboral investigativa. _1996._Tesis en opción a la categoría científica de Doctora en Ciencias Pedagógicas. _La Habana, 1996.

ALONSO MARTÍNEZ, MERCEDES C. Temas de introducción a la formación pedagógica._ Ciudad de La Habana: Editorial Pueblo y Educación, 2004.

BERMÚDEZ SARGUERA, R. Teoría y metodología del aprendizaje. /Rogelio Bermúdez y Marisela Rodríguez / Ciudad de La Habana: Editorial Pueblo y Educación, 1996.

COLECTIVO DE AUTORES. Manual Básico de Computación. Ciudad de La Habana: Editorial Pueblo y Educación, 1997.

Colectivo de autores. Metodología de la enseñanza de la informática .Ciudad de La Habana. Editorial Pueblo y Educación, 2005(Pág. 6 a la 18, de la 19 a la 23, de la 56 a la 61).

EXPÓSITO. C. y otros. Metodología de la enseñanza de la Computación. I.S.P. "E.J.Varona". Cuba. 1997. - Expósito, C. Una estructuración metodológica para la enseñanza de la asignatura Computación en el nivel medio en Cuba. Tesis en opción al grado científico de Doctor en Ciencias Pedagógicas. La Habana, Cuba. 1990.

GONZÁLEZ CASTRO, V. Teoría y práctica de los medios de enseñanza. Editorial

Pueblo y Educación. La Habana, Cuba. 1986.

LABARRERE, G. PEDAGOGÍA. Editorial Pueblo y Educación. La Habana, Cuba. 1988.

MACHADO MÉNDEZ MANUEL. La enseñanza-aprendizaje de los Procesadores de Textos en el Preuniversitario (una alternativa metodológica sobre la base del Sistema Integrado Works), 2000

MINED. Mención en Educación Especial. Periolibro segunda parte. Módulo III. La Habana. Editorial Pueblo y Educación, 2007.

**Indicadores para la evaluación:**

- Nivel de comprensión en la situación de la tarea asignada de forma individual según el conocimiento que refleje cada integrante.

- Respeto y cultura en los debates.

- Respeto a los criterios divergentes.

- Toma de posición con varios referentes.

- Implicación y compromiso con el proceso de aprendizaje.

**Orientación del próximo taller:** Bibliografía de consulta y tareas a desarrollar por cada equipo y la bibliografía, fundamentalmente.

**Equipo 1.**

Revisar la bibliografía indicada que posibilite:

- Analizar en qué consiste el enfoque Algorítmico.

**Equipo 2.**

**Revisar la bibliografía indicada que posibilite:**

- En el nuevo contexto de la enseñanza de la informática en qué sistema de aplicación es recomendable el uso del enfoque Algorítmico.

- ¿Cómo proceder en la enseñanza de la Informática cuando utilizamos el enfoque del Algorítmico?

**Taller 4.**

**Tema:** El enfoque Algorítmico en el nuevo contexto de la enseñanza de la informática.

**Problema:** Insuficiente conocimiento del enfoque Algorítmico en  la enseñanza de la informática y su utilización en el nuevo contexto.

**Objetivo:** utilizar el enfoque Algorítmico en la enseñanza de la informática adecuadamente en el nuevo contexto.

**Métodos:** Elaboración conjunta.

Expositivo oral.

**Técnicas:**

Estudio individual de cada integrante de los equipos.

Discusión colectiva de cada una de las tareas en el equipo (momento de apropiación de ideas).

Exposición de los resultados del trabajo realizado.

Reflexión grupal.

**Función:** Reflexión e integración de los aspectos teóricos - metodológicos del diagnóstico en la práctica del seguimiento de sus resultados.

**Motivación:**

Para dar inicio al taller se procede a continuar la lectura en el texto: Jamás serás maestro, expresado en el libro: Temas de introducción a la formación pedagógica (Pág. 7).

¿Qué proceso dirige el maestro?

Establecer una breve reflexión y debate.

Tareas específicas para los equipos y el grupo:

**Equipo1.**

Revisar la bibliografía indicada que posibilite:

- Resumir en qué consiste el enfoque algorítmico.

**Equipo 2.**

- ¿Cómo proceder en la aplicación del enfoque algorítmico en la enseñanza de un programador?

Debate de las actividades por ambos equipos.

- A ambos equipos se les orientará la dimensión (los enfoques de la enseñanza de la informática) y se les solicitará que determinen indicadores y diseñen métodos de investigación que permitan diagnosticar esta dimensión (se le dará diez minutos para esta actividad).

- Una vez preparados los equipos se procederá a la lectura crítica de los aspectos indicados.

- Enfocar los principales problemas que afectan la calidad de la clase de informática en el no uso o el uso incorrecto de este enfoque en la enseñanza de los programadores y su incidencia en la calidad del proceso de enseñanza – aprendizaje de la asignatura.

Tarea del grupo: valorar críticamente la participación activa y consciente de cada integrante, del equipo y del grupo.

**Bibliografía:**

ADDINE FERNÁNDEZ, F. Talleres educativos: una alternativa de organización de la práctica laboral investigativa. _1996._Tesis en opción a la categoría científica de Doctora en Ciencias Pedagógicas. _La Habana, 1996.

ALONSO MARTÍNEZ, MERCEDES C. Temas de introducción a la formación pedagógica._ Ciudad de La Habana: Editorial Pueblo y Educación, 2004.

BERMÚDEZ SARGUERA, R. Teoría y metodología del aprendizaje. /Rogelio Bermúdez y Marisela Rodríguez / Ciudad de La Habana: Editorial Pueblo y Educación, 1996.

COLECTIVO DE AUTORES. Manual Básico de Computación. Ciudad de La Habana: Editorial Pueblo y Educación, 1997.

Colectivo de autores. Metodología de la enseñanza de la informática .Ciudad de La Habana. Editorial Pueblo y Educación, 2005(Pág. 6 a la 18, de la 19 a la 23, de la 56 a la 61).

EXPÓSITO. C. y otros. Metodología de la enseñanza de la Computación. I.S.P.

"E.J.Varona". Cuba. 1997. - Expósito, C. Una estructuración metodológica para la enseñanza de la asignatura Computación en el nivel medio en Cuba. Tesis en opción al grado científico de Doctor en Ciencias Pedagógicas. La Habana, Cuba. 1990.

GONZÁLEZ CASTRO, V. Teoría y práctica de los medios de enseñanza. Editorial Pueblo y Educación. La Habana, Cuba. 1986.

LABARRERE, G. PEDAGOGÍA. Editorial Pueblo y Educación. La Habana, Cuba. 1988.

MACHADO MÉNDEZ MANUEL. La enseñanza-aprendizaje de los Procesadores de Textos en el Preuniversitario (una alternativa metodológica sobre la base del Sistema Integrado Works), 2000

MINED. Mención en Educación Especial. Periolibro segunda parte. Módulo III. La Habana. Editorial Pueblo y Educación, 2007.

**Indicadores para la evaluación:**

• Nivel de comprensión en la situación de la tarea asignada de forma individual según el conocimiento que refleje cada integrante.

• Respeto y cultura en los debates.

• Respeto a los criterios divergentes.

• Toma de posición con varios referentes.

• Implicación y compromiso con el proceso de aprendizaje.

**Orientación del próximo taller:** Bibliografía de consulta y tareas a desarrollar por cada equipo y la bibliografía, fundamentalmente.

**Equipo 1.**

Revisar la bibliografía indicada que posibilite:

• Analizar en qué consiste el enfoque Problémico.

**Equipo 2.**

Revisar la bibliografía indicada que posibilite:

• En el nuevo contexto de la enseñanza de la informática en qué sistema de aplicación es recomendable el uso del enfoque Problémico.

- ¿Cómo proceder en la enseñanza de la Informática cuando utilizamos el enfoque del Problémico?

**Taller 5.**

Tema: El enfoque Problémico en el nuevo contexto de la enseñanza de la informática.

**Problema:** Insuficiente conocimiento del enfoque Problémico en la enseñanza de la informática y su utilización en el nuevo contexto.

**Objetivo:** utilizar el enfoque Problémico en la enseñanza de la informática adecuadamente en el nuevo contexto.

**Métodos:** Elaboración conjunta.

Expositivo oral.

**Técnicas:**

Estudio individual de cada integrante de los equipos.

Discusión colectiva de cada una de las tareas en el equipo (momento de apropiación de ideas).

Exposición de los resultados del trabajo realizado.

Reflexión e intercambio grupal.

Orientaciones generales.

**Función:** Reflexión, orientación y diseño de actividades para el uso correcto del enfoque Problémico en la enseñanza de la informática.

**Motivación:** Conversar sobre los métodos, procedimientos y medios de enseñanza más adecuados que permitan elevar la calidad de la clase de informática.

Tareas específicas para los equipos y el grupo:

**Equipo 1.**

Revisar la bibliografía indicada que les permita realizar las siguientes tareas:

- Analizar en qué consiste el enfoque Problémico.

**Equipo 2.**

Revisar la bibliografía indicada que posibilite:

- En el nuevo contexto de la enseñanza de la informática en qué sistema de aplicación es recomendable su uso.

- ¿Cómo proceder en la enseñanza programadores cuando utilizamos el enfoque Problémico?

Debate de las actividades por ambos equipos.

Tarea del grupo: Valorar críticamente la participación activa y consciente de cada integrante, del equipo y del grupo.

**Bibliografía:**

ADDINE FERNÁNDEZ, F. Talleres educativos: una alternativa de organización de la práctica laboral investigativa. _1996._Tesis en opción a la categoría científica de Doctora en Ciencias Pedagógicas. _La Habana, 1996.

ALONSO MARTÍNEZ, MERCEDES C. Temas de introducción a la formación pedagógica._ Ciudad de La Habana: Editorial Pueblo y Educación, 2004.

BERMÚDEZ SARGUERA, R. Teoría y metodología del aprendizaje. /Rogelio Bermúdez y Marisela Rodríguez / Ciudad de La Habana: Editorial Pueblo y Educación, 1996.

COLECTIVO DE AUTORES. Manual Básico de Computación. Ciudad de La Habana: Editorial Pueblo y Educación, 1997.

Colectivo de autores. Metodología de la enseñanza de la informática .Ciudad de La Habana. Editorial Pueblo y Educación, 2005(Pág. 6 a la 18, de la 19 a la 23, de la 56 a la 61).

EXPÓSITO. C. y otros. Metodología de la enseñanza de la Computación. I.S.P. "E.J.Varona". Cuba. 1997. - Expósito, C. Una estructuración metodológica para la enseñanza de la asignatura Computación en el nivel medio en Cuba. Tesis en opción al grado científico de Doctor en Ciencias Pedagógicas. La Habana, Cuba. 1990.

GONZÁLEZ CASTRO, V. Teoría y práctica de los medios de enseñanza. Editorial Pueblo y Educación. La Habana, Cuba. 1986.

LABARRERE, G. PEDAGOGÍA. Editorial Pueblo y Educación. La Habana, Cuba. 1988.

MACHADO MÉNDEZ MANUEL. La enseñanza-aprendizaje de los Procesadores de Textos en el Preuniversitario (una alternativa metodológica sobre la base del Sistema Integrado Works), 2000

MINED. Mención en Educación Especial. Periolibro segunda parte. Módulo III. La Habana. Editorial Pueblo y Educación, 2007.

**Indicadores para la evaluación:**

• Nivel de comprensión en la situación de la tarea.

• Respeto y cultura en los debates.

• Respeto a los criterios divergentes.

• Toma de posición con varios referentes.

• Nivel de reflexión e intercambio individual y grupal.

**Orientación del próximo taller:** Bibliografía de consulta y tareas a desarrollar por cada equipo.

**Equipo 1.**

Revisar la bibliografía indicada que les permita realizar las siguientes tareas:

• Analizar en qué consiste el enfoque del Proyecto

**Equipo 2.**

Revisar la bibliografía indicada que posibilite:

• En el nuevo contexto de la enseñanza de la informática en qué sistema de aplicación es recomendable su uso.

• ¿Cómo proceder en la enseñanza programadores cuando utilizamos el enfoque del Proyecto?

**Taller 6.**

Tema: El enfoque del Proyecto en el nuevo contexto de la enseñanza de la informática.

**Problema:** Insuficiente conocimiento del enfoque del Proyecto en la enseñanza de la informática y su utilización en el nuevo contexto.

**Objetivo:** utilizar el enfoque del Proyecto en la enseñanza de la informática adecuadamente en el nuevo contexto.

**Métodos:** Elaboración conjunta.

Expositivo oral.

**Técnicas:**

Estudio individual de cada integrante de los equipos.

Discusión colectiva de cada una de las tareas en el equipo (momento de apropiación de ideas).

Exposición de los resultados del trabajo realizado.

Reflexión e intercambio grupal.

Orientaciones generales.

**Función:** Reflexión, orientación y diseño de actividades para el uso correcto del enfoque del proyecto en la enseñanza de la informática.

**Motivación:** Conversar sobre los métodos, procedimientos y medios de enseñanza más adecuados que permitan elevar la calidad de la clase de informática.

Tareas específicas para los equipos y el grupo:

**Equipo 1.**

Revisar la bibliografía indicada que les permita realizar las siguientes tareas:

- Analizar en qué consiste el enfoque del Proyecto.

**Equipo 2.**

Revisar la bibliografía indicada que posibilite:

- En el nuevo contexto de la enseñanza de la informática en qué sistema de aplicación es recomendable su uso.

- ¿Cómo proceder en la enseñanza de programadores cuando utilizamos el enfoque del

Proyecto?

Debate de las actividades por ambos equipos.

Tarea del grupo: Valorar críticamente la participación activa y consciente de cada integrante, del equipo y del grupo.

**Bibliografía:**

ADDINE FERNÁNDEZ, F. Talleres educativos: una alternativa de organización de la práctica laboral investigativa. _1996._Tesis en opción a la categoría científica de Doctora en Ciencias Pedagógicas. _La Habana, 1996.

ALONSO MARTÍNEZ, MERCEDES C. Temas de introducción a la formación pedagógica._ Ciudad de La Habana: Editorial Pueblo y Educación, 2004.

BERMÚDEZ SARGUERA, R. Teoría y metodología del aprendizaje. /Rogelio Bermúdez y Marisela Rodríguez / Ciudad de La Habana: Editorial Pueblo y Educación, 1996.

COLECTIVO DE AUTORES. Manual Básico de Computación. Ciudad de La Habana: Editorial Pueblo y Educación, 1997.

Colectivo de autores. Metodología de la enseñanza de la informática .Ciudad de La Habana. Editorial Pueblo y Educación, 2005(Pág. 6 a la 18, de la 19 a la 23, de la 56 a la 61).

EXPÓSITO. C. y otros. Metodología de la enseñanza de la Computación. I.S.P. "E.J.Varona". Cuba. 1997. - Expósito, C. Una estructuración metodológica para la enseñanza de la asignatura Computación en el nivel medio en Cuba. Tesis en opción al grado científico de Doctor en Ciencias Pedagógicas. La Habana, Cuba. 1990.

GONZÁLEZ CASTRO, V. Teoría y práctica de los medios de enseñanza. Editorial Pueblo y Educación. La Habana, Cuba. 1986.

LABARRERE, G. PEDAGOGÍA. Editorial Pueblo y Educación. La Habana, Cuba. 1988.

MACHADO MÉNDEZ MANUEL. La enseñanza-aprendizaje de los Procesadores de Textos en el Preuniversitario (una alternativa metodológica sobre la base del Sistema Integrado Works), 2000

MINED. Mención en Educación Especial. Periolibro segunda parte. Módulo III. La Habana.

Editorial Pueblo y Educación, 2007.

**Indicadores para la evaluación:**

- Nivel de comprensión en la situación de la tarea.

- Respeto y cultura en los debates.

- Respeto a los criterios divergentes.

- Toma de posición con varios referentes.

- Nivel de reflexión e intercambio individual y grupal.

**Orientación del próximo taller:** Bibliografía de consulta y tareas a desarrollar por cada equipo.

**Equipo 1.**

Revisar la bibliografía indicada que posibilite:

Modelar actividades donde se demuestre el uso de las tecnologías en el contexto de la escuela cubana y su impacto en el proceso de enseñanza – aprendizaje. El uso de la computadora como objeto de estudio en su entorno educativo.

**Equipo 2.**

Revisar la bibliografía indicada que posibilite:

- Modelar actividades donde se demuestre el uso de las nuevas tecnologías en el contexto de la escuela cubana y su impacto en el proceso de enseñanza – aprendizaje. El uso de la computadora como medio de enseñanza y medio de trabajo en su entorno educativo.

**Taller 7.**

**Tema:** La computadora como medio enseñanza novedoso en el proceso de enseñanza – aprendizaje y como medio de trabajo y como objeto de estudio.

**Problema:** Insuficiente conocimiento en el empleo de la computadora en el contexto de la enseñanza de la informática como novedoso medio de enseñanza y eficaz medio de trabajo y como objeto de estudio.

**Objetivo:** Modelar actividades para propiciar el uso adecuado de las computadoras como medio de enseñanza, medio de trabajo y como objeto de estudio.

**Métodos:** Elaboración conjunta.

Expositivo oral.

**Técnicas:**

Estudio individual de cada integrante de los equipos.

Modelación de actividades correctivas.

Discusión colectiva de cada una de las tareas en el equipo (momento de apropiación de ideas).

Exposición de los resultados del trabajo realizado.

Reflexión e intercambio grupal.

Orientaciones generales.

**Función:** Reflexión, orientación y modelación de actividades para corregir los trastornos de la escritura.

**Motivación:**

Para iniciar el taller los invitamos a que reflexionen colectivamente y saquen sus propias conclusiones.

En mi escuela el laboratorio de computación tiene un uso…….

Orientar las tareas de los equipos y del grupo.

Tareas específicas para los equipos y el grupo:

**Equipo 1.**

Revisar la bibliografía indicada que posibilite:

Modelar actividades donde se demuestre el uso de las tecnologías en el contexto de la escuela cubana y su impacto en el proceso de enseñanza – aprendizaje. El uso de la computadora como objeto de estudio en su entorno educativo.

**Equipo 2.**

Revisar la bibliografía indicada que posibilite:

• Modelar actividades donde se demuestre el uso de las nuevas tecnologías en el contexto de la escuela cubana y su impacto en el proceso de enseñanza – aprendizaje. El uso de la computadora como medio de enseñanza y medio de trabajo en su entorno educativo.

Debate de las actividades por ambos equipos (presentación y análisis de las clases).

Tareas del grupo.

Valorar críticamente la participación activa y consciente de cada integrante, del equipo y del grupo.

Para terminar se seleccionará un directivo de cada equipo para que imparta la clase planificada en su grupo de docentes (se le orientará que pueden realizar las adecuaciones necesarias en función de las características del colectivo docente) y se convocará a los directivos para que todos observen la clase conjuntamente con la investigadora.

**Bibliografía:**

ADDINE FERNÁNDEZ, F. Talleres educativos: una alternativa de organización de la práctica laboral investigativa. _1996._Tesis en opción a la categoría científica de Doctora en Ciencias Pedagógicas. _La Habana, 1996.

ALONSO MARTÍNEZ, MERCEDES C. Temas de introducción a la formación pedagógica._ Ciudad de La Habana: Editorial Pueblo y Educación, 2004.

BERMÚDEZ SARGUERA, R. Teoría y metodología del aprendizaje. /Rogelio Bermúdez y Marisela Rodríguez / Ciudad de La Habana: Editorial Pueblo y Educación, 1996.

COLECTIVO DE AUTORES. Manual Básico de Computación. Ciudad de La Habana: Editorial Pueblo y Educación, 1997.

Colectivo de autores. Metodología de la enseñanza de la informática .Ciudad de La Habana. Editorial Pueblo y Educación, 2005(Pág. 6 a la 18, de la 19 a la 23, de la 56 a la 61).

EXPÓSITO. C. y otros. Metodología de la enseñanza de la Computación. I.S.P. "E.J.Varona". Cuba. 1997. - Expósito, C. Una estructuración metodológica para la enseñanza de la asignatura Computación en el nivel medio en Cuba. Tesis en opción al grado científico de Doctor en Ciencias Pedagógicas. La Habana, Cuba. 1990.

GONZÁLEZ CASTRO, V. Teoría y práctica de los medios de enseñanza. Editorial Pueblo y Educación. La Habana, Cuba. 1986.

LABARRERE, G. PEDAGOGÍA. Editorial Pueblo y Educación. La Habana, Cuba. 1988.

MACHADO MÉNDEZ MANUEL. La enseñanza-aprendizaje de los Procesadores de Textos en el Preuniversitario (una alternativa metodológica sobre la base del Sistema Integrado Works), 2000

MINED. Mención en Educación Especial. Periolibro segunda parte. Módulo III. La Habana. Editorial Pueblo y Educación, 2007.

**Indicadores para la evaluación:**

- Nivel de comprensión en la situación de la tarea.

- Respeto y cultura en los debates de las clases.

- Respeto a los criterios divergentes.

- Toma de posición con varios referentes.

- Nivel de reflexión e intercambio individual y grupal.

- Dominio de las formas de modelación para el trabajo correctivo.

**Orientación del próximo taller:** (para ambos equipos)

- Bibliografía de consulta.

- Estudio de la guía de observación a clases.

- Observación de clases.

- Tener en cuente los contenidos estudiados anteriormente.

**Taller 8.**

**Tema:** La clase de informática y la utilización de los enfoques en el nuevo contexto del proceso de enseñanza – aprendizaje y el uso adecuado de las computadoras como medio de enseñanza y como objeto de estudio.

**Problema:** Insuficiente planificación, orientación y dirección de la clase en el nuevo contexto del proceso de enseñanza –aprendizaje de la informática como novedoso medio de enseñanza y la utilización correcta de los enfoques

**Objetivo:** Perfeccionar la calidad de la clase en función de el uso adecuado de los enfoques de la enseñanza de la informática y el uso correcto de las computadoras en el entorno escolar.

**Métodos:** Elaboración conjunta.

Expositivo oral.

**Técnicas:**

Discusión colectiva de cada una de las tareas en el equipo (momento de apropiación de ideas).

Exposición de los resultados del trabajo realizado.

Reflexión e intercambio grupal.

Precisiones generales.

**Función:** Reflexión, orientación sobre la calidad de clase observada.

**Motivación:**

...Dar clases es vivir, es una transfusión de belleza, de poesía, del sentido del por qué vivo...

Reflexionar colectivamente.

Dar a conocer las tareas de los equipos y del grupo.

Tareas específicas para los equipos y el grupo:

Se les solicitará a ambos equipos:

• Observación de clases teniendo en cuenta la guía de observación propuesta en la investigación (anexo 3).

• Que registren los aspectos que consideren más relevantes.

• Para conducir el intercambio con los directivos sobre la clase observada se deben tener en cuenta interrogantes, tales como:

1. ¿Qué aspectos consideras más logrados en torno al uso adecuado de los enfoques

utilizados en tu clase y los medios de cómputos?

2. ¿Qué aspectos consideras menos logrados en torno al uso adecuado de los enfoques utilizados en tu clase y los medios de cómputos?

3. Si tuvieras la oportunidad de dar la clase como hubieras procedido para lograr un uso mas adecuado de los enfoques utilizados y los medios de cómputos.

Tareas para el grupo:

Valorar críticamente la participación activa y consciente de cada integrante, del equipo y del grupo.

Reflexión grupal de los resultados.

**Bibliografía:**

ADDINE FERNÁNDEZ, F. Talleres educativos: una alternativa de organización de la práctica laboral investigativa. _1996._Tesis en opción a la categoría científica de Doctora en Ciencias Pedagógicas. _La Habana, 1996.

ALONSO MARTÍNEZ, MERCEDES C. Temas de introducción a la formación pedagógica._ Ciudad de La Habana: Editorial Pueblo y Educación, 2004.

BERMÚDEZ SARGUERA, R. Teoría y metodología del aprendizaje. /Rogelio Bermúdez y Marisela Rodríguez / Ciudad de La Habana: Editorial Pueblo y Educación, 1996.

COLECTIVO DE AUTORES. Manual Básico de Computación. Ciudad de La Habana: Editorial Pueblo y Educación, 1997.

COLECTIVO DE AUTORES. Metodología de la enseñanza de la informática .Ciudad de La Habana. Editorial Pueblo y Educación, 2005(Pág. 6 a la 18, de la 19 a la 23, de la 56 a la 61).

EXPÓSITO. C. y otros. Metodología de la enseñanza de la Computación. I.S.P. "E.J.Varona". Cuba. 1997. - Expósito, C. Una estructuración metodológica para la enseñanza de la asignatura Computación en el nivel medio en Cuba. Tesis en opción al grado científico de Doctor en Ciencias Pedagógicas. La Habana, Cuba. 1990.

GONZÁLEZ CASTRO, V. Teoría y práctica de los medios de enseñanza. Editorial

Pueblo y Educación. La Habana, Cuba. 1986.

Guía de observación a clases.

LABARRERE, G. PEDAGOGÍA. Editorial Pueblo y Educación. La Habana, Cuba. 1988.

MACHADO MÉNDEZ MANUEL. La enseñanza-aprendizaje de los Procesadores de Textos en el Preuniversitario (una alternativa metodológica sobre la base del Sistema Integrado Works), 2000

MINED. Mención en Educación Especial. Periolibro segunda parte. Módulo III. La Habana. Editorial Pueblo y Educación, 2007.

**Indicadores para la evaluación:**

- Nivel de comprensión en la situación de la tarea.

- Respeto y cultura en los debates.

- Respeto a los criterios divergentes.

- Toma de posición con varios referentes.

En la propuesta de los talleres pedagógicos resulta importante ir evaluando el nivel de desarrollo alcanzado por cada directivo, a partir de la calidad de sus intervenciones y por el cumplimiento de las tareas que se le asignen dentro del grupo.

Para realizar la evaluación, considero oportuno se tome en consideración los siguientes indicadores que se corresponden con las necesidades de superación de los directivos, los que se concretaron de la siguiente forma:

- Estudio previo de los temas orientados.

- Realización de las tareas asignadas.

- Participación activa y consciente en los temas orientados reflejando entrega y dedicación a su labor.

La evaluación de estos indicadores se debe desarrollar a nivel grupal, de equipo e individual.

Después de aplicados cada uno de los talleres pedagógicos propuestos, se sugiere realizar un encuentro de cierre con los directivos de la muestra, con el propósito de arribar a conclusiones en torno a la calidad del cumplimiento de los objetivos propuestos, realizando un análisis de los resultados del diagnóstico final, los que se presentarán en el próximo epígrafe.

**2.3 Valoración de la implementación de la propuesta de superación para los directivos en función de elevar la calidad de la clase de informática**

Los talleres metodológicos se efectuaron en los momentos oportunos, se tuvo en cuenta la flexibilidad de los mismos y se aprovechó al máximo todas las posibilidades que esta forma de organización de la superación brinda.

Previo a la implementación de los talleres se realizó una reunión de coordinación con los jefes de enseñanza del municipio, para explicarles los objetivos y alcance de la investigación y recabar de los mismos su máxima cooperación desde la etapa de diagnóstico, con el objetivo de conocer sus opiniones con respecto al propósito de la investigación en sentido general, así como los objetivos y contenidos que se concibieron en cada taller de forma particular, resultando de este encuentro la aprobación de la propuesta de superación y precisión de las fechas de ejecución de cada uno de los talleres pedagógicos.

Antes de realizar el primer taller, a modo de organización general, se estableció un encuentro inicial con todos los directivos implicados, donde se les dio a conocer los siguientes aspectos: los resultados del diagnóstico inicial, con énfasis en las principales necesidades y potencialidades, los objetivos, contenidos, las temáticas, la bibliografía a utilizar , la forma de organizar la actividad de superación, el tiempo de duración y las formas que se asumirán para la evaluación y el control, propiciándose un amplio debate, en el cual todos aprobaron la propuesta de superación.

Se les facilitó la guía de estudio para el primer taller con la orientación clara y precisa de los contenidos a tratar y la bibliografía a utilizar, además se organizaron en equipos de trabajo para darle cumplimiento a las tareas asignadas, de manera tal que en cada equipo se integraron directivos de las tres educaciones.

Entre los mismos miembros de cada equipo seleccionaron a un conductor con el fin de que guiara las actividades a realizar; un registrador para que registrara los aspectos fundamentales y sirvieran para conformar un informe, que quedara como memoria escrita de la actividad realizada.

En este primer encuentro los directivos realizaron algunas observaciones que nos permitió enriquecer la propuesta, referida fundamentalmente a los siguientes elementos:

1. Dedicar de 40 a 45 minutos a cada taller.

2. Darle más tiempo a los contenidos referidos a las concepciones generales de los enfoques de la enseñanza de la informática, su utilización en el nuevo contexto y la utilización de las tecnologías en el entorno escolar.

Antes de iniciar con la instrumentación de los talleres se distribuyó en todas las computadoras del laboratorio y en la biblioteca de la escuela las bibliografías básicas y las guías de estudio, con el fin de garantizar una preparación previa a los talleres.

Resultó significativo que el 100% de la muestra se encuentra en la primera versión de la Maestría en Ciencias de la Educación, un 58,3% son Máster por lo que contribuyeron a enriquecer los debates y a partir de la socialización que se estableció, permitió elevar el nivel de preparación teórica, metodológica y práctica de los directivos.

Los resultados obtenidos desde los propios inicios de la implementación de los talleres fueron favorables, a partir del primer momento de la implementación se comenzó a sentir un ambiente de superación, de búsqueda bibliográfica, de consulta a los profesores de informática, esto permitió elevar la autoestima en algunos directivos que al inicio manifestaron poca motivación por la superación en un tema en el que pensaban no iban a tener éxitos.

Se estimularon a los directivos que mayor participación tuvieron en la discusión y planificación de las actividades y que con su esfuerzo contribuyeron al éxito de los talleres y que además consultaron a especialistas en la materia.

La modelación, el debate y la presentación de visitas a clases de informática por parte de los directivos constituyeron a la evaluación final de los talleres. Esto se concibió dentro del sistema de trabajo metodológico del municipio utilizando como espacio las reuniones metodológicas. Además se les recomendaron a los directivos que presentaron mayores dificultades en la apropiación de los contenidos abordados, otras actividades para su autosuperación y se proyectaron temas a tratar en colectivos de ciclos y preparaciones metodológicas de sus escuelas.

La forma organizativa diseñada e implementada dio la posibilidad de actualizar el diagnóstico de cada directivo, evidenciándose en algunos casos la necesidad de una atención mucho más individualizada, de mayor tiempo, de más ayuda técnica y más demostración, por lo que en la realización de todos los talleres se tuvo en cuenta estas particularidades.

Luego de la implementación de los talleres pedagógicos se realizó un encuentre de cierre, en el que se aplicó una prueba pedagógica (anexo 5), se analizaron los resultados obtenidos a partir de las evaluaciones realizadas en cada taller y se recogieron criterios sobre la propuesta aplicada.

Para evaluar el impacto de la propuesta se le orientó a los directivos que completaran las frases siguientes (se escribirán en la pizarra):

Aprendí _____

Ya sabía _____

No me gustó _____

Me gustaría saber más _____

A partir de la aplicación de esta técnica pude comprobar que todos los directivos aprendieron de forma general, aunque fue del criterio de algunos que se hace necesario seguir profundizando acerca de la metodología de la enseñanza de la Informática.

Además se aplicó la técnica del PNI (positivo, negativo e interesante).

Los directivos determinaron como positivo:

1.- Seleccionar el taller, por todas las ventajas que ofrece para propiciar el debate.

2.- La preparación realizada por los directivos, previo a cada taller.

3.- Que se orientara con tiempo suficiente los temas a tratar en el próximo taller.

4.- La cooperación de la estructura de dirección, especialistas y directivos que participaron en cada taller.

Negativo:

1. Poco tiempo dedicado a los talleres.

2. Llegadas tarde de algunos directivos.

3. Temor a expresar sus criterios y puntos de vistas en algunos directivos.

Interesantes:

1. Calidad con que se desarrollaron los talleres.

2. Que se tuvieran en cuenta contenidos básicos de la especialidad, con el fin de preparar a los directivos según el contexto donde se desenvuelven.

Constatación final.

La prueba pedagógica aplicada (**Anexo 5**), permitió determinar (**Anexo 7**) los conocimientos y habilidades que poseen los directivos para dirigir el proceso de enseñanza – aprendizaje de la informática, revelándose del análisis realizado lo siguiente: En la pregunta uno, referido a mencionar los enfoques de la enseñanza de la informática clasificaron en un nivel altos seis directivos lo que representa el 50%; nivel medio cinco para el 41,7% y en el nivel bajo un directivo para el 8,3%. En la pregunta dos, destinada a  identificar los enfoques de la enseñanza de la informática que más pueden usarse en el nivel de educación que dirigen alcanzan nivel alto ocho directivos que representa el 66,7 % y en el nivel medio cuatro lo que representa el 33,3%. En la pregunta tres, dirigida al uso de la computadora como: medio de enseñanza, objeto de estudio y como medio de trabajo obtienen nivel alto diez directivos para el 83,3%; medio dos que representa el 16,7% y en el nivel bajo no se ubicó ningún directivo. En la pregunta cuatro, referida a argumentar del porqué la clase de informática no es una clase tradicional, clasifican en un nivel alto  once directivos que representa el 91,7%; y en el nivel medio se ubican los restantes directivos que representa el 8,3%.  Por último en la pregunta cinco, referida a los  componentes didácticos que componen la clase de informática y que deben ser observados en la visita a clases de los profesores de informática, obtienen nivel alto diez directivos para el 83,7%; medio dos representando el 16,7% y bajo no se ubica ningún directivo para un 0%.

En la dimensión uno (dominio cognitivo), se evaluaron los siguientes indicadores:

1.1 Dominio de la M.E.I.

1.2  Dominio de los enfoques de la M.E.I.

En el indicador 1.1 logró nivel alto seis directivos que representa 50%; medio cinco que representan el 41,7% y bajo un directivo, para el 8,3%. Como se puede observar en este indicador el 91,7% de los directivos se encuentran entre nivel alto y medio. En el indicador 1.2 evaluados con el nivel alto resultaron ocho directivos que representan el 66,7% y con nivel medio cuatro que representan el 33,3%; los resultados están ubicados todos entre alto y medio y en el indicador 1.3, referido a la computadora como medio novedoso de enseñanza, resultaron con nivel alto diez directivos que representan el 83,3%; con nivel medio de igual forma dos directivos que representan el 16,7% y con nivel bajo un 0 %. En este indicador como se puede observar todos se encuentran en los niveles alto y medio.

Al resumir esta dimensión, alcanzaron nivel alto siete directivos que representa el 58,3% y el nivel medio cinco que representa el 41,7%. Esto demuestra el movimiento favorable en el nivel de preparación teórica para dirigir acertadamente el proceso de enseñanza - aprendizaje de la asignatura informática.

Si inicialmente los directivos se ubicaron, dos en el nivel medio que representa el 16,7% y diez en el nivel bajo que representa el 83,3%. En el diagnóstico final de esta dimensión el 100 % de los directivos alcanzaron niveles entre alto y medio.

En la dimensión dos (instrumentación en la práctica), se evaluaron los siguientes indicadores: **(Anexo 4). Guía de observación a clase.**

2.1- Utilización de los enfoque de la M.E.I. durante el desarrollo de la clase.

2.2- Empleo adecuado de la computadora en la clase de informática.

2.3- Desarrollo de la clase de informática en correspondencia con su metodología.

En el indicador 2.1 resultaron evaluados de alto ocho directivos que representa el 66,7 %; de medio cuatro que representa el 33,3% y de bajo 0%. Demostrando que todos están ubicados en el nivel alto y medio. El indicador 2.2, resultaron con nivel alto once directivos que representa el 91,7%; con nivel medio uno que representa el 8,3% y con nivel bajo no hay ningún directivo que representa el 0%.

En el indicador 2.3 lograron un nivel alto nueve directivos que representan el 75% y nivel medio dos que representa también el 16,7% y en el nivel bajo 1 que representa el 8,3%; esto demuestra que los conocimientos teóricos, se logran aplicar a la práctica, lo cual favorece la correcta dirección del proceso de enseñanza – aprendizaje de la asignatura informática. En esta dimensión los indicadores se ubicaron entre los niveles alto y medio fundamentalmente.

En la dimensión dos, en el diagnóstico inicial **(Anexo 2)**, no se alcanzaron niveles altos, medio dos directivos que representa el 16,7% y bajo diez significando el 83,3 %. En el diagnóstico final **(Anexo 7)** los resultados son superiores, terminando con un nivel alto nueve directivos que representa 75%; medio uno, que representa el 8,3% y ninguno en  nivel bajo que representa el 0%.

Como se puede observar **(Anexo 11)**, se logró un cambio entre el nivel inicial y final, en cada uno de los indicadores y dimensiones se aprecian avances en la preparación de los directivos en cuanto a la preparación para dirigir el proceso de enseñanza – aprendizaje de la informática, donde se alcanza el 100% entre el nivel alto y medio.

La información obtenida mediante los instrumentos aplicados revela la efectividad de la propuesta de superación presentada y se arriba a las siguientes conclusiones.

**Conclusiones del capítulo:**

Para la realización de la investigación se seleccionó como muestra a doce directivos de las diferentes educaciones del municipio de Manatí que atienden en sus escuelas a docentes de la asignatura de informática.

En la dimensión uno se comprobó que no se encuentran directivos con un nivel alto de preparación. Los indicadores 1.1 y 1.2 relacionados con el dominio de la M.E.I.  y el dominio de los enfoques de la M.E.I, son los más afectados. En la evaluación de la dimensión dos se constató que en el nivel alto no hay ningún directivo. El indicador 2.1 es el más afectado.

La constatación final, permitió corroborar la efectividad de la propuesta de superación, dirigida a los directivos de las distintas educaciones, logrando en un corto período de tiempo elevar el nivel de preparación de los mismos, para asumir con eficiencia el trabajo metodológico para la enseñanza de la informática. Lo que permite arribar a las siguientes conclusiones generales.

**Conclusiones generales.**

- El análisis efectuado permitió determinar la evolución de la superación de los directivos de las diferentes educaciones y corroborar la necesidad que existe de proyectar la superación de los mismos  para dirigir con eficiencia el proceso de enseñanza- aprendizaje de la informática.

- El diagnóstico inicial efectuado, sobre el nivel de preparación que poseen los directivos en cuanto a la metodología de la enseñanza de la informática, refleja que es insuficiente el dominio de los elementos teóricos, metodológicos y prácticos, además las alternativas de superación diseñadas no satisfacían las necesidades en este sentido.

- La superación de los directivos de los diferentes niveles de educación para la efectiva dirección del trabajo  metodológico de la informática, presupone la concepción de talleres metodológicos, que sus objetivos y contenidos queden organizados de una manera lógica y coherente en correspondencia con las necesidades y posibilidades de los mismos.

- Los resultados obtenidos durante la implementación de la propuesta así como los resultados de los instrumentos aplicados y la comparación inicial y final, demostró la efectividad de los talleres metodológicos, logrando en un corto período de tiempo elevar el nivel de preparación de los directivos al 100% de la muestra, para enfrentar con más eficiencia el trabajo metodológico de la informática.

## BIBLIOGRAFÍA

ADDINE FERNÁNDEZ, F. Talleres educativos: una alternativa de organización de la práctica laboral investigativa. _1996._Tesis en opción a la categoría científica de Doctora en Ciencias Pedagógicas. _La Habana, 1996.

ALONSO MARTÍNEZ, MERCEDES C. Temas de introducción a la formación pedagógica._ Ciudad de La Habana: Editorial Pueblo y Educación, 2004.

ÁLVAREZ DE ZAYAS, C. Metodología de la investigación científica._ Santiago de Cuba. CEEP " Manuel F Grant",1995 (material impreso).

ÁLVAREZ DE ZAYAS, CARLOS M. Hacia una escuela de excelencia. Editorial Academia. La Habana, 1984. - Didáctica. La escuela de la vida. Editorial Pueblo y Educación. 1999

ÁLVAREZ PÉREZ, MARTA. Una aproximación de la Enseñanza-Aprendizaje de la ciencia. Interdisciplinariedad._ Ciudad de La Habana: Editorial Pueblo y Educación, 2004.

ASTE, MARGARITA. Normas para incorporar la tecnología educativa en las escuelas, http://WWW.mpsnet.com.mx/quipus/r16norma.htm, 2002

BARTOLOMÉ, A.. Nuevas tecnologías y enseñanza, Grao, Barcelona, 1994

BERMÚDEZ SARGUERA, R. Teoría y metodología del aprendizaje. /Rogelio Bermúdez y Marisela Rodríguez / Ciudad de La Habana: Editorial Pueblo y Educación, 1996.

BETANCOURT BRUM, D. Algunos criterios para la confección de Programas de computadoras para la enseñanza/ Aimé Vega Belmonte.__ En Rev. Educación.__ no. 64.__ La Habana, ene. – mar. 1987.__ 34 p.

BLANCO PÉREZ, A. Conferencias sobre metodología de la investigación educativa. Curso de Maestría de la Educación._ Las Tunas, 1997.

CALZADO LAHERA, DELCY. El taller: una alternativa de forma de organización del proceso pedagógico en la preparación profesional del educador._1998._

CANTARELL, M. A. Informática y Educación.__ p. 24-27.__ En Rev. CONAFE.__ no. 3.__ México, jul-sep, 1999.

CARRETO ARELLANO, CHADWICK. Integración de las Tecnologías de Información al Proceso de Enseñanza- Aprendizaje, Instituto Politécnico Nacional. _ Ciudad de La Habana, 2004.

CHORDÁ, R. M. y J. BERBELA. La Necesidad del estudio ordenado de la Informática. _Ciudad de La Habana, 2006.

COLECTIVO DE AUTORES. Manual Básico de Computación. – Ciudad de La Habana, 1997

COLECTIVO DE AUTORES. Pedagogía. . C. de la Habana: Editorial Pueblo y Educación, 1984.

COLECTIVO DE AUTORES. Serie "Nuevas Tecnologías aplicadas a la Educación Superior". Colombia: Pontificia Universidad Joveriana. Facultad de Educación, 1995. DANILOV, M. A. Didáctica de la escuela media / M. A. Danilov, M. N. Stakin/. La Habana: Ed. Pueblo y Educación, 1978.

COLECTIVO DE AUTORES. Elementos de Informática Básica. Editorial Pueblo y Educación. Ciudad de la Habana, 2000

COLECTIVO DE AUTORES. Introducción a la Informática Educativa. Cuba, 2000

COLECTIVO DE AUTORES. Manual Básico de Computación. Ciudad de La Habana: Editorial Pueblo y Educación, 1997.

P.C.C. Tesis y Resolución. _ La Habana: Editorial Ciencias Sociales, 1978.

CONSEJO DE ESTADO. Constitución de la República de Cuba, Editorial Pueblo y Educación, La Habana, 2009.

**CUBA.** MINISTERIO DE EDUCACIÓN. Modelo de Escuela Primaria en soporte magnético, La Habana, 2 000.

___. Departamento de Orientación revolucionaria. Tesis y resoluciones sobre política educacional, Editorial Ciencias Sociales, La Habana, 1 976.

___. Orientaciones Metodológicas, 2do grado. La Habana, Editorial Pueblo y Educación, 2 001.

___. Orientaciones Metodológicas, 1er grado, Editorial Pueblo y Educación, La   Habana, 2 001.

____. MINISTERIO DE EDUCACÍON. Seminario Nacional para Educadores V, Editorial Pueblo y Educación, La Habana, 2 004.

_____. MINISTERIO DE EDUCACÍON. Informe complementario del I operativo con BIB, Educación Primaria, ICCP, Grupo de Calidad, La  Habana, Cuba, 2 004.

DELORS, J.   Formar a los protagonistas del futuro.   En:   Revista   El   Correo de la   UNESCO. Año XLIX. París: Abril, 1996.

DIGITAL.      El      Mejor      Tipo      de      Software      Educativo. http://www.sep.gob.mx/cete/Leccion22.htm. Generado con PureJoy. Fecha: 03:28 - Jun 10, 2008

DIGITAL. Software en el Contexto del Proceso Enseñanza - Aprendizaje. Lun, 19/01/2009 — chauvin

DMITRIEV V. I. Teoría de información aplicada. Moscú: Ediciones Mir, 1991.

EDUTEKA. Tecnologías de Información y Comunicaciones para Enseñanza Básica y Media. Derechos Reservados. Copyright 2000-2003. http:/www.eduteka.org. Abril, 2003

Enfoques didácticos de la enseñanza de la Informática. Documento en disco -- Ciudad de la Habana, 1996

EXPÓSITO RICARDO, C. Una estructuración metodológica para la enseñanza    de la asignatura Computación en el nivel medio en Cuba. Tesis    en    opción al   grado científico de Doctor  en  Ciencias   Pedagógicas. La Habana, Cuba. 1990.

___Tratamiento metodológico de los conceptos de programación en décimo grado. -- Ciudad de la Habana, 1996.

____ La informática educativa en la escuela cubana: una concepción didáctica. - Trabajo presentado en Pedagogía 97. La Habana, 1997.

EXPÓSITO RICARDO C. y otros. Metodología de la enseñanza de la    Computación. I.S.P. "E.J.Varona". Cuba. 1997.

FAINJOLE, B. Nuevas tecnologías de la Información y la comunicación en la Enseñanza. Argentina: Editora Aique, 1997.

GALLEGO, R., E. LOWY y J. L. ROBLES. El Software educativo en laboratorio, en un entorno multimedia y en micromundos con Logo.__ En Revista Tecnología y Comunicación Educativa. Un encuentro de los educadores de América Latina.__ p. 53-73, mar. 1992.

GARCÍA HERNÁNDEZ, M. Métodos activos en la educación técnica y profesional. [Et...al.]. La Habana: Ed. Pueblo y Educación, 1990.

GARCÍA GONZÁLEZ, E. Recomendaciones para la aplicación de la computación como medio de enseñanza.__ En Tercer Seminario de Aplicación a la Docencia.__ ISCICC, 1990.

GARCÍA HERNÁNDEZ, LUCINA. Bases de Datos. / Lucina García Hernández, Anatoli Iosifovich Zmitrovich. – La Habana: Ed. Pueblo y Educación, 1988

GENER NAVARRO, ENRIQUE J. Propuesta de inclusión de tema para la disciplina Sistema de Aplicación y algunos procedimientos básicos para su enseñanza. 1998. Tesis de Maestría en Ciencias en Informática Educativa. Ciudad de La Habana: Instituto Superior Pedagógico "Enrique José Varona", 1998.

GIL RIVERA, M. C. Las bases de Datos. Importancia y Aplicación en Educación. Documento de Internet. 2003

GÓMEZ FERRAL, ANA I. Informática educativa: un reto para el directivo. [et al.] Ciudad de La Habana: Ed. Pueblo y Educación, 1990.

GONZÁLEZ CASTRO, V. Teoría y práctica de los medios de enseñanza. Editorial Pueblo y Educación. La Habana, Cuba. 1986.

GONZÁLEZ CASTRO, VICENTE. Diccionario cubano de medios de enseñanza y términos afines. – Ciudad de la Habana: Ed. Pueblo y Educación, 1990.

GONZÁLEZ CASTRO, V. Teoría y práctica de los medios de Enseñanza.__ La Habana: Ed. Revolucionaria, 1986.

GONZÁLEZ RAMÍREZ, BYRON HUMBERTO. Impacto de la Informática Educativa en el proceso de enseñanza-aprendizaje. byrong@usac.edu.gt . Ciudad de La Habana, 2005.

GUIRAO H. PEDRO. Diccionario de la Informática. La Habana: Edición Revolucionaria, 1986.

IPLAC. Fundamentos de la Investigación Educativa, módulo I primera parte, Editorial Pueblo y Educación, La Habana, 2 005.

____. I Seminario Nacional para educadores, M.I.N.E.N.D. Editorial Pueblo y Educación, La Habana, 2 001.

____. II Seminario Nacional para educadores, MINED. Editorial Pueblo y Educación, La Habana, 2 002.

____. III Seminario Nacional para educadores, MINED. Editorial Pueblo y Educación, La Habana, 2 003.

____. Fundamentos de la Investigación Educativa, módulo I segunda parte, Editorial Pueblo y Educación, La Habana, 2 006.

____. Fundamentos de la Investigación Educativa, módulo II primera parte, Editorial Pueblo y Educación, La Habana, 2 006.

____. Fundamentos de la Investigación Educativa, módulo III primera parte, Editorial Pueblo y Educación, La Habana 2 007.

____. Fundamentos de la Investigación Educativa, módulo III segunda parte, Editorial Pueblo y Educación, La Habana, 2 007.

____. IX Seminario nacional para educadores, Editorial Pueblo y Educación, La Habana, 2005.

____. Fundamentos de la Investigación Educativa, módulo I segunda parte, Editorial Pueblo y Educación, La Habana, 2 006.

____. Fundamentos de la Investigación Educativa, módulo II primera parte, Editorial Pueblo y Educación, La Habana, 2 006.

____. Fundamentos de la Investigación Educativa, módulo III primera parte, Editorial

Pueblo y Educación, La Habana 2 007.

____. Fundamentos de la Investigación Educativa, módulo III segunda parte, Editorial Pueblo y Educación, La Habana, 2 007.

____. Fundamentos de la Investigación Educativa, módulo I segunda parte, Editorial Pueblo y Educación, La Habana, 2 006.

____. Fundamentos de la Investigación Educativa, módulo II primera parte, Editorial Pueblo y Educación, La Habana, 2 006.

____. Fundamentos de la Investigación Educativa, módulo III primera parte, Editorial Pueblo y Educación, La Habana 2 007.

____. Fundamentos de la Investigación Educativa, módulo III segunda parte, Editorial Pueblo y Educación, La Habana, 2 007.

_____. V Seminario Nacional para educadores, MINED. Editorial Pueblo y Educación, La Habana, 2 004.

____. VI Seminario Nacional para educadores, MINED. Editorial Pueblo y Educación, La Habana. 2 005.

____. VIII Seminario Nacional para educadores, MINED. Editorial Pueblo y Educación, La Habana, 2 008.

____.VII Seminario Nacional para educadores, MINED. Editorial Pueblo y Educación, La Habana, 2 006.

_____. Trabajo Metodológico, Educación Primaria, República de Cuba, Ministerio de Educación, La Habana ,1 996-1 997.

JACOB PIÑA, D. y R. MENDOZA CISNEROS. Algunos Problemas fundamentales en la enseñanza de la computación, 1995.__ 68 p.

KLIMBERG, LOTHAR. Introducción a la didáctica general. La Habana: Ed. Pueblo y Educación, 1981.

KLINGBERG, LOTHAR. Introducción a la Didáctica general. Editorial Pueblo y Educación, 1986

LABARRERE REYES, GUILLERMINA. Pedagogía, /Guillermina Labarrere Reyes, Gladys E. Valdivia Pairol/. Ciudad de La Habana: Ed. Pueblo y Educación, 1988.

LABARRERE, G. Pedagogía. Editorial Pueblo y Educación. La Habana, Cuba. 1988.

MACHADO MÉNDEZ, MANUEL. La enseñanza-aprendizaje de los Procesadores de Textos en el Preuniversitario (una alternativa metodológica sobre la base del Sistema Integrado Works). Tesis en opción al título de Máster en Informática Educativa, Ciudad de la Habana, 2000.

MAYA BETANCOURT, T. El taller educativo. Secretaria educativa del Convenio Andrés Bello. _ Santa Fe de Bogotá: Editorial Gente Nueva, 1991.

MIC. Lineamientos estratégicos para la informatización de la sociedad. -- Ciudad de la Habana, 1997.

MICROSOFT ACCESS PARA WINDOWS 95. México: Ed Mc.Graw Hill, 1995

MICROSOFT CORPORATION. MICROSOFT WORKS. Las herramientas esenciales que facilitan el trabajo con su PC. Ver.3.0 para Windows -- EU., 1994.

MINED. Programa de informática educativa para el período 1996-2000. Material mecanografiado. Ciudad de La Habana, 1996.

MIRABENT PEROZO, G. Aquí talleres pedagógicos. En: Revista Pedagógica Cubana, 1990.

MONSEÑOR ROMERO. LAS NUEVAS TECNOLOGÍAS: CONCEPTOS. milpa@eusnet.org layailunmed@redestb.es layailunmed@redestb.es. 2007.

MORALES, ALICIA. Las nuevas tecnologías en la educación. Cyberconectate@hotmail.com. www.monografias.com 2006.

PARRA VIGO, ISEL B. Acerca de la integración de los métodos y medios de enseñanza. En: Revista Varona. no.22, La Habana, enero - junio 1996

PÉREZ FERNÁNDEZ, VICENTA. La enseñanza de la computación más allá de la computadora. / Vicenta Pérez Fernández, María del Pilar de la Cruz Fernández. En: Educación. No. 83. Sep.-dic. 1994

PROGRAMAS 4TO. GRADO. Educación General Politécnica y Laboral.__ Ciudad de la Habana: Ed. Pueblo y Educación, 1989.

PROGRAMAS 5TO. GRADO. Educación General Politécnica y Laboral.__ Ciudad de la Habana: Ed. Pueblo y Educación, 1989.

PROGRAMAS 6TO. GRADO. Educación General Politécnica y Laboral.__ Ciudad de la Habana: Ed. Pueblo y Educación, 1989.

RAMÍREZ GONZÁLEZ, MABEL. Reflexiones acerca del proceso de enseñanza-aprendizaje. La Habana 2007.

Resolución Ministerial 106/04, para fortalecer la preparación de los docentes para elevar la calidad de la clase y la dirección del aprendizaje. _ La Habana: Editorial Pueblo y Educación, 2004.

RODRÍGUEZ, CUERVO, A: Proyecto de Informática Educativa en Cuba. Tesis de Maestría. Facultad de Ciencias. ISPEJV. 1998.

ROMÁN GÁLVEZ, RAMÓN. La Informática en la Educación Secundaria y a la profesionalidad de los que imparten esta materia. Educaweb.com. abril, 2003

ROSARIO N., H. El Reto de la Informática en la educación.__ p.79-94.__ En Rev. Ciencias de la Educación.__ vol. 2.__ no. 4.__ Valencia, Venezuela, 1991.

SAVIN, N. V. Pedagogía.__ La Habana: Ed. Pueblo y Educación, 1982.

SOLER PELLICER, YOLANDA. Consideraciones sobre la tecnología educativa en el proceso de enseñanza-aprendizaje. Una experiencia en la asignatura Estructura de Datos. Revista Iberoamericana de Educación ISSN: 1681-5653n. º 49/2 – 10 de abril de 2009

STREIBEL, M. J. Análisis crítico de tres enfoques del uso de la Informática en la Educación.__ p. 305-333.__ En Rev. Educación.__ no. 288.__ Madrid, ene-abr. 1989.

TESIS Y RESOLUCIONES. Primer Congreso del PCC. -- La Habana: Ed. Pueblo y Educación, 1978.

TORRES LIMA, PASTOR. Didáctica de las Nuevas Tecnologías de la Información y la Comunicación. [Curso en copia digital] Congreso Internacional Pedagogía 2001. Ciudad de la Habana, 2001.

URBINA, SANTOS. Informática y teorías del aprendizaje, Universidad de las Islas Ballears, 2001

VALLE SÁNCHEZ, R. Redes de Comunicación. Redes de aprendizaje. Edición Universidad de las Isla Baleare, 1996.

VELÁZQUEZ GRAU, HERMES. Los talleres pedagógicos una forma para perfeccionar la superación profesional. _1999. _Tesis presentada al título académico de Máster en Ciencias de la Educación, Las Tunas, 1999.

VEGA PIÑÓN MARISELA, Acciones para favorecer la preparación de los asesores de informática en el uso del software educativo La naturaleza y el hombre". _ 2008_ Tesis presentada al título académico de Máster en Ciencias de la Educación, Las Tunas, 2008.

**Anexo 1**

**Matriz (Variable, dimensiones, indicadores).**

**Variable: La superación de los directivos de las diferentes educaciones para dirigir el proceso de enseñanza – aprendizaje de la informática.**

| Dimensiones | Indicadores | Métodos |
|---|---|---|
| Dominio cognitivo | Dominio de la M.E.I. | Entrevista, encuesta, prueba pedagógica. |
| | Dominio de los enfoques de la M.E.I. | |
| | La computadora como medio novedoso de enseñanza. | |
| Instrumentación en la práctica | Utilización de los enfoque de la M.E.I. durante el desarrollo de la clase. | Observación de clases, prueba pedagógica y análisis de documentos. |
| | Empleo adecuado de la computadora en la clase de informática. | |
| | Desarrollo de la clase de informática en correspondencia con su metodología. | |

**Anexo 2. Prueba pedagógica a directivos. Diagnóstico inicial.**

| Sujeto | Dimensión 1 | | | | Dimensión 2 | | | | Variable |
|---|---|---|---|---|---|---|---|---|---|
| | 1.1 | 1.2 | 1.3 | 1 | 2.1 | 2.2 | 2.3 | 2 | |
| 1 | B | B | B | B | B | B | B | B | B |
| 2 | B | B | M | B | B | M | B | B | B |
| 3 | B | B | B | B | B | B | B | B | B |
| 4 | B | B | M | B | B | M | B | B | B |
| 5 | B | B | M | B | B | M | B | B | B |
| 6 | B | B | M | B | B | M | B | B | B |
| 7 | B | B | M | B | B | M | B | B | B |
| 8 | B | B | M | B | B | M | B | B | B |
| 9 | B | M | M | M | B | M | M | M | B |
| 10 | B | M | M | M | B | M | M | M | B |
| 11 | B | B | M | B | B | M | B | B | B |
| 12 | B | B | M | B | B | M | B | B | B |
| ///// | ///// | ///// | ///// | ///// | ///// | ///// | ///// | ///// | ///// |
| A | 0 | 0 | 0 | 0 | 0 | 0 | 0 | 0 | 0 |
| % | 0 | 0 | 0 | 0 | 0 | 0 | 0 | 0 | 0 |
| M | 0 | 2 | 10 | 2 | 0 | 10 | 2 | 2 | 0 |
| % | 0 | 16,7 | 83,3 | 16,7 | 0 | 83,3 | 16,7 | 16,7 | 0 |
| B | 12 | 10 | 2 | 10 | 12 | 2 | 10 | 10 | 12 |
| % | 100 | 83,3 | 16,7 | 83,3 | 100 | 16,7 | 83,3 | 83,3 | 100 |

**Anexo 3. Encuesta a directivos.**

**Objetivo:** Determinar los conocimientos y habilidades que poseen los directivos para dirigir el proceso de enseñanza – aprendizaje de la informática.

1- Visito las clases de informática.

_____ Frecuente.

_____ A veces.

_____ Nunca.

2- Conozco la metodología de la enseñanza de la informática.

_____ Sí.

_____ No.

3- Utilizo la guía de observación de clases de informática.

_____ Sí.

_____ No.

4- Tengo dominio de la informática.

_____ Mucho.

_____ Poco.

_____ Ninguno.

5- La calidad de las clases de informática en mi escuela es:

_____ Muy Buena.

_____ Buena.

_____ Mala.

6- Domino los enfoques de la enseñanza de la informática.

_____ Sí.

_____ No.

7- Los docentes que dirijo utilizan la computadora:

_____ Como medio de enseñanza.

_____ Como objeto de estudio.

_____ Como medio de trabajo.

8- Los informáticos que dirijo participan en la preparación metodológica.

_____ Siempre.

_____ A veces.

_____ Nunca.

9- La clase de informática es una clase tradicional.

_____ Sí.

_____ No.

**Anexo. 4 Guía de observación de la clase de Informática.**

**Objetivo:** Comprobar el nivel de conocimientos que poseen los directivos en cuanto a Instrumentación en la práctica.

| Indicadores de la guía de observación | | Alto | Medio | Bajo |
|---|---|---|---|---|
| 1.1 | Utilización de los enfoques de la Metodología de la enseñanza de la Informática durante el desarrollo de la clase. | | | |
| 1.2 | Empleo adecuado de la computadora en la clase de Informática. | | | |
| 1.3 | Desarrollo de la clase de Informática en correspondencia con su metodología. | | | |

**Procesamiento de la información**

| Alto | Medio | Bajo |
|---|---|---|
| El que cumple con los tres indicadores. | El que cumple con dos indicadores. | El que cumple con un indicador. |

**Anexo 5. Prueba pedagógica a directivos.**

**Objetivo:** Determinar los conocimientos y habilidades que poseen los directivos para dirigir el proceso de enseñanza – aprendizaje de la informática.

**Consigna:**

Estimado colega.

Como parte de la investigación que se realiza, relacionada con la superación de los directivos para dirigir el proceso de enseñanza – aprendizaje de la informática, se necesita conocer su nivel de dominio en elementos específicos de la metodología de la enseñanza de la informática.

Muchas gracias.

**Cuestionario:**

1- Mencione los enfoques de la enseñanza de la informática.

2- En la enseñanza que dirijo los enfoques recomendados son:

3- Ponga ejemplos del uso de la computadora como:

- medio de enseñanza.
- Objeto de estudio.
- medio de trabajo

4-¿La clase de informática es una clase tradicional? Argumente su respuesta.

5- ¿Qué componentes didácticos usted mide al visitar una clase a sus profesores     de informática?

**Escala valorativa**:

Valoración general del instrumento:

| No | Nivel alto | Nivel medio | Nivel bajo |
|---|---|---|---|
| 1 | Menciona más de cuatro enfoques | Menciona tres enfoques | Menciona hasta dos enfoques |
| 2 | Dice todos los enfoques recomendados | Dice al menos un enfoque recomendados | No dice ningún enfoque recomendado |
| 3 | Pone tres ejemplos | Pone dos ejemplos | Pone un ejemplo |
| 4 | Responde afirmativamente y argumenta | Responde afirmativamente y no argumenta | Responde no |
| 5 | Menciona todos los componentes | Menciona 4 componentes | Menciona tres componentes |

| Alto | Medio | Bajo |
|---|---|---|
| Tres respuestas o más en nivel alto y el resto en medio | Las cinco respuestas deben estar entre alto y medio. Más de tres deben estar en medio | Menos de cuatro respuestas entre medio y bajo. Tres o más respuestas bajo. |

**Anexo 6: Resultado inicial de la prueba pedagógica aplicada a los directivos.**

| Sujeto | Pregunta 1 | | | Pregunta 2 | | | Pregunta 3 | | | Pregunta 4 | | | Pregunta 5 | | |
|---|---|---|---|---|---|---|---|---|---|---|---|---|---|---|---|
| | A | M | B | A | M | B | A | M | B | A | M | B | A | M | B |
| 1 | | | 1 | | | 1 | | | 1 | | | 1 | | | 1 |
| 2 | | | 1 | | | 1 | 1 | | | | | 1 | | 1 | |
| 3 | | | 1 | | | 1 | | | 1 | | | 1 | | | 1 |
| 4 | | | 1 | | | 1 | | | 1 | | | 1 | | | 1 |
| 5 | | | 1 | | | 1 | | | 1 | | | 1 | | | 1 |
| 6 | | | 1 | | | 1 | | | 1 | | | 1 | | | 1 |
| 7 | | 1 | | | | 1 | | | | | | 1 | | | 1 |
| 8 | | | 1 | | | 1 | | 1 | | | 1 | | | 1 | |
| 9 | | | 1 | | | 1 | | 1 | | | 1 | | | 1 | |
| 10 | | | 1 | | | 1 | 1 | | | | | 1 | | 1 | |
| 11 | | 1 | | | | 1 | | 1 | | | 1 | | 1 | 1 | |
| 12 | | | 1 | | | 1 | | | 1 | | 1 | | | | 1 |
| Total | 0 | 1 | 11 | 0 | 0 | 12 | 1 | 4 | 6 | 0 | 4 | 8 | 1 | 5 | 7 |

Los directivos   presentaron mayores dificultades en las preguntas: uno (mencionar los enfoques  de la enseñanza de la informática), la dos (enfoques recomendados) y la  número tres (Poner ejemplos del uso de la computadora) Los directivos  que alcanzaron resultados  más bajos coinciden con  los  que tienen una  formación  inicial  en Educación Primaria y Preescolar. En sentido general alcanzaron nivel alto el  0%, nivel  medio el 0% y bajo el 100%.

**Anexo 7. Resultado final de la prueba pedagógica aplicada a los directivos.**

| Sujeto | Pregunta 1 | | | Pregunta 2 | | | Pregunta 3 | | | Pregunta 4 | | | Pregunta 5 | | |
|---|---|---|---|---|---|---|---|---|---|---|---|---|---|---|---|
| | A | M | B | A | M | B | A | M | B | A | M | B | A | M | B |
| 1 | | | 1 | | 1 | | 1 | | | | 1 | | 1 | | |
| 2 | | 1 | | | 1 | | | 1 | | 1 | | | 1 | | |
| 3 | | 1 | | | 1 | | 1 | | | 1 | | | 1 | | |
| 4 | | 1 | | | 1 | | | 1 | | 1 | | | 1 | | |
| 5 | | 1 | | 1 | | | 1 | | | 1 | | | 1 | | |
| 6 | | 1 | | 1 | | | 1 | | | 1 | | | 1 | | |
| 7 | 1 | | | 1 | | | 1 | | | 1 | | | 1 | | |
| 8 | 1 | | | 1 | | | 1 | | | 1 | | | 1 | | |
| 9 | 1 | | | 1 | | | 1 | | | 1 | | | 1 | | |
| 10 | 1 | | | 1 | | | 1 | | | 1 | | | 1 | | |
| 11 | 1 | | | 1 | | | 1 | | | 1 | | | 1 | | |
| 12 | 1 | | | 1 | | | 1 | | | 1 | | | 1 | | |
| Total | 6 | 5 | 1 | 8 | 4 | 0 | 10 | 2 | | 11 | 1 | 0 | 10 | 2 | 0 |

**Anexo 8. Reglas del buen escucha.**

Objetivo: Brindar a los directivos las reglas del buen escucha.

1- Oír y respetar los puntos de vista de todos los miembros del grupo.

2 - Ayudar a que todos se sientan parte de la discusión del grupo.

3- Nunca diga que usted, personalmente no está de acuerdo con alguien, más bien diga que usted opina de distinta manera.

4 - No se considere obligado a refutar a alguien que tenga una opinión distinta.

5 - Ayude conscientemente a que otros participen.

6- Sea abierto y promueva que los demás digan lo que piensan.

7- Cada miembro es responsable del desarrollo y éxito de la discusión.

8- Mantenga su participación en los niveles mínimos para que otros puedan participar.

9-Toda idea es válida, la única estúpida es la que no se expresa.

10- Manténgase abierto y busque los motivos de las ideas de los demás.

11- Evite cualquier actividad que retarde el desarrollo de la actividad.

12- Evite los conflictos personales.

13-Evite ser crítico y sarcástico con otros miembros del grupo.

14- Nunca subestime las ideas y preguntas de los demás.

15 Evite las conversaciones que distraigan la atención del asunto que se está tratando.

16- Mantenga una actitud amistosa y de apoyo.

17- Cuando sea apropiado, resuma lo que ha sido dicho.

18- Escuche, no evalúe al momento.

19- Sea receptivo.

20- Ataque ideas, no hombres.

21- Cree buen clima.

22- Actúe con tacto.

23- Exprese libremente sus ideas.

24- Las susceptibilidades en casa.

25- Todos juntos pensamos mejor que cualquiera de nosotros.

26- Destaque lo positivo.

27- Sea disciplinado.

28- Sea flexible, recapacite.

**Anexo 9. Orientaciones para el buen escucha.**

1. ¡Deje de hablar! (usted no puede oír si usted está hablando).

2. Ponga a quien hable cómodo (ayúdelo a sentirse que es libre para hablar).

3. Muéstrele que usted quiere oír (Parezca y actúe interesado. No lea su correspondencia mientras le hablan. Escuche para comprender más bien que para replicar).

4. Elimine las distracciones (no se distraiga jugando con un pedazo de papel).

5. Trate de ser empático con él (Trate de ponerse en su lugar, de manera que pueda comprender sus puntos de vista).

6. Sea paciente (Dedique bastante tiempo, no interrumpa).

7. Mantenga su humor (Un hombre colérico toma el peor significado de las palabras).

8. Sea prudente con sus argumentos y críticas (esto lo pone a él a la defensiva, o lo puede predisponer con mal humor) (no discuta: aún cuando usted gane, usted pierde).

9. Haga preguntas (esto lo estimula a él, muestre que usted está escuchando: además ayuda a desarrollar otros temas).

10- Pare de hablar (esto es lo primero y lo último. Todos los mandamientos dependen de ello. Usted no puede ser un buen escucha mientras está hablando).

**Anexo 10. Diagnóstico final.**

| Sujeto | Dimensión 1 | | | | Dimensión 2 | | | | Variable |
|---|---|---|---|---|---|---|---|---|---|
| | 1.1 | 1.2 | 1.3 | 1 | 2.1 | 2.2 | 2.3 | 2 | |
| 1 | B | M | M | M | M | M | B | M | M |
| 2 | M | M | A | M | M | A | M | M | M |
| 3 | M | M | M | A | M | A | M | M | M |
| 4 | M | M | A | A | A | A | A | A | A |
| 5 | M | A | A | A | A | A | A | A | A |
| 6 | M | A | A | M | M | A | A | A | A |
| 7 | A | A | A | M | A | A | A | A | A |
| 8 | A | A | A | M | A | A | A | A | A |
| 9 | A | A | A | A | A | A | A | A | A |
| 10 | A | A | A | A | A | A | A | A | A |
| 11 | A | A | A | A | A | A | A | A | A |
| 12 | A | A | A | A | A | A | A | A | A |
| **A** | 6 | 8 | 10 | 7 | 8 | 11 | 9 | 9 | 9 |
| % | 50 | 67,7 | 83,3 | 58 | 67,7 | 91,7 | 75 | 75 | 75 |
| **M** | 5 | 4 | 2 | 5 | 4 | 1 | 2 | 3 | 3 |
| % | 41,7 | 33,3 | 16,7 | 42 | 33,3 | 8,3 | 16,7 | 25 | 25 |
| **B** | 1 | 0 | 0 | 0 | 0 | 0 | 1 | 0 | 0 |
| % | 8,3 | 0 | 0 | 0 | 0 | 0 | 8,3 | 0 | 0 |

**Anexo 11. Comparación del diagnóstico inicial y final.**

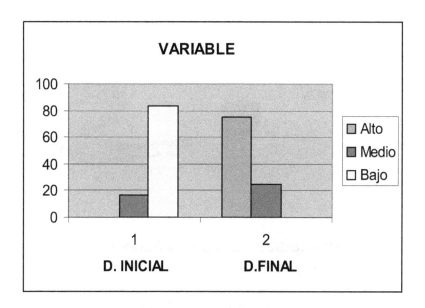

www.ingramcontent.com/pod-product-compliance
Lightning Source LLC
LaVergne TN
LVHW092339060326
832902LV00008B/729